전지적 지구시점

전지적 지구 시점

1판 1쇄 발행 2021년 1월 27일
1판 6쇄 발행 2023년 6월 20일

지 은 이   정원
펴 낸 이   신혜경
펴 낸 곳   마음의숲

대   표   권대웅
편   집   김도경 윤소현
디 자 인   유미소
마 케 팅   조아라

출판등록   2006년 8월 1일(제2006-000159호)
주   소   서울시 마포구 와우산로30길 36 마음의숲빌딩(창전동 6-32)
전   화   (02) 322-3164~5 팩스 (02) 322-3166
이 메 일   maumsup@naver.com
인스타그램   @maumsup
용지 (주)월드페이퍼 인쇄·제본 (주)에이치이피

ⓒ정원, 2021
ISBN 979-11-6285-071-8 (03330)

전지적 지구 시점

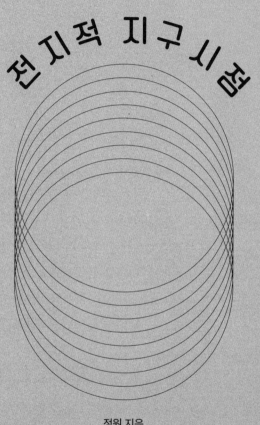

정원 지음

마음의숲

프롤로그

아시겠지만 우리가 사는 환경이 많이 나빠졌습니다. 코로나바이러스로 힘든 시간을 보내게 된 것도 그동안 우리의 활동과 관련성이 있다고 하지요.

이 책에는 평소 환경 문제에 관심이 있었던 제가 일상에서 생각하고 느낀 것을 담았습니다. 환경 단체 활동가도 아니고 관련 공부를 한 것도 아니지만, 일반인으로서 제가 알고 있는 정보와 함께 행동으로 옮기고 있는 간단한 실천 방법을 소개해드립니다.

저 역시 분리배출이 귀찮고 분리수거 없는 세상에서 살고 싶다는 생각이 들 때도 많습니다. 원고를 쓰면서 스스로를 제3자의 시선으로 바라보았는데, 그동안 저는 누가 보면 강박적이라고 할 만큼 사소한 일에도 환경을 걱정하며 살았더군요. 개인의 노력에는 한계가 있고, 가능한 범위에서 노력하는 것만으로도 충분한데 말이지요. 그러니 이제 저를 좀 놓아주려고 합니다. 환경을 지키는 것은 참 아름답고 좋은 일이지만, 앞으로는 마음이 힘들 정도의 죄책감은 느끼지 않기로 했습니다.

그럼에도 불구하고 환경에 대한 관심은 쭉 이어나갈 예정입니다. 지구는 제가 살아가는 유일한 세계이자, 앞으로도 계속 의지해야 할 공간이니까요.

이 책이 독자분들에게 어떤 이야기로 들릴지 궁금합니다. 환경에 관심이 있는 분이 읽는다면 제 사소한 이야기가 공감이 되기를, 환경 문제에 관해 이제 막 지각하신 분에게는 하나하나 따라 하며 일상에 적용해보는 기회를 만들어주기를 바랍니다.

책이 나오기까지 격려해주고 지지를 보내준 지인들에게 고마움을 전합니다. 원고를 매끄럽게 다듬고 세상에 나올 수 있게 애써주신 마음의숲 출판사에도 감사의 마음을 전합니다.

2021년 1월 1일 새해
정원

차례

4.

나를 위해
'환경' 하다

5.

혼자가
아니야

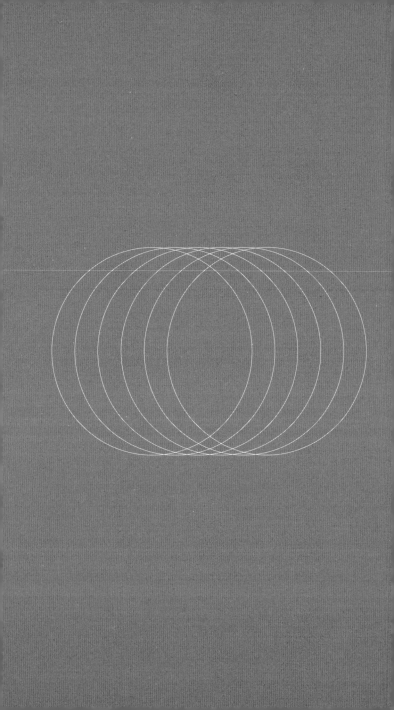

1.

가볍지만 실속 있게,
미니멀 라이프

소소익선의 진리
알아차리기

정리와 수납에 관련된 책을 읽은 적이 있었다. 그런데 막상 따라 하려고 보면 볼멘소리가 튀어나왔다. 책에 따르면 물건을 깔끔하게 정리하기 위해서는 또 다른 물건, 이를테면 박스나 바구니와 같은 보관함 같은 것이 있어야 했다. 심지어 보관함을 여러 개 놓아야 할 경우엔 색이나 모양을 통일하는 게 좋다고 적혀 있었다. 배보다 배꼽이 더 큰 느낌이었지만 보관함을 사서 정리하고 나니 방이 한결 깔끔해 보이긴 했다.

그러나 얼마 안 가서 알았다. 깔끔한 상태를 유지하는 것은 보관함이 아니라 내 손이 할 일이라는 것을. 보관함은 거들 뿐이라는 것을. 눈 깜짝할 사이에 주변을 정리하는 비법 같은 건 안타깝게도 세상에 없었다. 정리를 해도 금세 어질러지는 집안을 보며 항상 깔끔하게 정돈된 공간을 갖겠다는 생각은 그렇게 서서히 지워져갔다.

그럼에도 물건이 주는 불편함은 그대로였다. 뭐라도 하려고 필요한 걸 꺼내면 찾기도 어렵거니와 어딘가에서 물건이 툭 떨어지거나 쓰러지기 일쑤였다. 하필 발등에 떨어지는 바람에 작게 비명을 지른 적도 있었다. 이게 왜 여기 있느냐며 물건 탓을 했지만, 사실은 물건을 정리해두지 않은 나 자신에게 낸 화였다.

맨 아래에 있는 물건을 꺼내기 위해 위에 쌓아둔 물건을 몽땅 내려야 하는 건 늘 있는 일이다. 어딘가 처박혀 있을 물건을 찾아내는 일 역시 그랬다. 어떤 일을 시작하려다 준비 단계에서부터 지쳐버리는 일이 다반사였고, 물건을 찾다가 계획에 없던 정리를 하게 되는 일도 흔했다. 물건 하나 때문에 정리를 시작하다 문득 '가만, 원래 내가 뭘 하려고 했었지'라는 생각에 헛웃음이 나기도 했다.

켜켜이 쌓인 물건을 보면 내 어깨가 무거운 듯했고, 물건이 빼곡히 차 있는 방구석을 보면 마치 내가 물건 틈에 끼어 있는 것처럼 답답했다. 무시하면 그만이지만 그런 일이 하루에도 몇 번씩 반복되면 일상에 적지 않은 영향을 줬다.

이렇듯 무언가를 시작하기도 전에 삐걱댄 것은 너무 많은 물건 때문인 경우가 대부분이었다. 시간을 잡아먹고 그것도 모자라 뭘 해보려는 의욕까지 뺏어가는 건, 다름 아닌 생활을 편리하게 해준다는 물건이었다. 그랬다. 다다익선이라는 말은 내겐 맞지 않았다. 물건은 많을수록 불편한 것이었다.

일정 기간
최소한의 물건으로 살아보기

　몇 해 전, 환경 단체 녹색연합에서 주관하는 등산
로 관리 실태 조사에 참여했다. 등산로를 한 바퀴 돌
고 나서 숙소에서 잠을 자고, 다음날 다시 산에 오르
고 숙소로 돌아오는 날이 계속되었다. 길이 바뀌면
숙소도 바뀌었고, 그럴 때마다 소지품 하나하나는 말
그대로 '짐'이 되었다. 산을 탈 때면 땀에 젖은 어깨가
무거운 배낭끈에 쓸렸다. 내딛는 한 걸음 한 걸음이
조금이라도 가볍고 싶어 매일 조사를 떠날 채비를 할
때마다 배낭 무게를 줄이는 데 신경 썼다. 단, 먹을 것
만큼은 두둑하게 챙겼다. 도중에 쉬면서 먹는 간식은
고된 조사를 계속할 수 있는 힘이 되었다.

서울에서는 항상 깔끔하게 옷을 차려입고 언제나 청결을 유지했지만, 산에서는 그런 것을 따질 수 없었다. 옷은 매일 땀으로 흥건히 젖었고 빨래를 해두면 마르기 무섭게 또 입어야 했다. 서울에 돌아갈 날이 아득하게 느껴질 만큼 조사는 지난했다.

짐을 최소한으로 줄였던 터라 몇 벌 안 되는 옷을 돌려서 입었다. 팀원 모두가 너나없이 똑같았다. 겉모습이 중요했던 서울에서와 달리, 이곳에서는 옷으로 판단할 수가 없으니 사람 그 자체를 보게 되었다.

신기한 경험은 한 가지 더 있었다. 서울에 그 많은 물건을 두고 왔는데도 별다른 불편 없이 살고 있는 나 자신이 보였다. 이때 처음으로 사는 데 그리 많은 물건이 필요하지 않을지도 모르겠다는 생각을 했다. 진짜 나에게 필요한 물건은 얼마나 될지 생각해보게 되었다.

70일 가까이 전국을 돌며 한적한 시골 동네와 나무, 하늘만 보던 긴 여정을 마치고 서울로 돌아왔다. 그런데 이럴 수가. 그토록 오고 싶었던 서울의 도심에 진입하자 차창 밖 풍경이 어마어마하게 자극적으

로 다가왔다. 도로를 가운데 두고 무수히 많은 간판
과 가게가 저마다 제품을 자랑하면서 먹어봐라, 써봐
라 외쳐댔다. 대형 전광판, 쇼핑몰은 또 어떻고, 멋진
자가용들은 또 어떤지. 미적 요소는 고려되지 않은
간판들과 높은 빌딩, 잘 차려입은 사람들 사이에서
낯선 어지러움을 느꼈다.

'내가 이렇게나 많은 자극 속에서 살았구나. 소비
를 안 하려야 안 할 수가 없었겠구나.'

덜컹거리는 지하철을 온몸으로 느끼며 집으로
돌아온 뒤, 일상에 익숙해지기까지 며칠이 걸렸다.
매캐한 공기에도, 자동차로 빈틈없이 가득 찬 도로에
도, 소음에도 익숙해져야 했다. 몸은 고단했지만, 한
편으로는 지난 68일이 전환점과 같은 시간이었다.
떠나 있다가 돌아오자 서울이 달라 보였다. 이때의
신비한 경험은 미니멀 라이프를 시작하는 특별한 계
기가 되었다.

홀가분하게
내려놓기

언제부턴가 일기에 질문을 적어봤다. '사는 게 복잡한 걸까 아니면 내가 복잡하게 사는 걸까?' 생각 끝에 내린 대답은 이거였다. '사는 건 복잡하다면 복잡하고 단순하다면 단순하다.' 주위를 둘러보면 단순하고 가볍게 사는 사람들이 있었다. 그들은 현재를 즐겼다. 한 치 앞을 모르는 게 인생, 마음 편한 게 최고지. 그런데 쉽게 산다는 게 말처럼 쉽지가 않았다.

쉽게 사는 것 같은 사람들을 살펴봤더니 공통점이 있었다. 그건 바로 생각을 단순하게 한다는 거였다. 그렇다면 그 방법부터 배워야 할 것 같았다. 인터넷 서점에 들어가서 검색창에 '단순'이라는 키워드를

입력하고 자기 계발 도서를 클릭해봤다. 수많은 책 사이에서 하나의 책이 눈에 띄었다.

사사키 후미오의 《나는 단순하게 살기로 했다》. 제목대로 단순하게 생각하는 방법이 담겨 있을 거라 기대하며 책을 훑어봤는데 생각했던 내용과는 사뭇 달랐다. 무슨 이유인지 모르겠지만 저자는 최소한의 물건만 가지고 산다고 했다. 목차에는 적게 가지고 살면 좋은 점이 수두룩하게 적혀 있었다.

단순하게 생각하고 행동하면 삶이 쉬워질 거라 생각해본 적은 있었다. 그런데 물건을 줄일 생각은 글쎄, 해본 적이 없다. 평소에 가진 물건이 별로 없다고 생각했는데 둘러보니까 새삼 없어도 되는 물건이 여기저기 보였다. 사사키 후미오와 비교하면 내가 가진 물건도 꽤 많은 축에 속했다. 일상에서 물건에 치였던 일들도 떠올랐다. 이 책의 저자처럼 극단적인 방식은 아닐지라도 물건을 줄여보리라고 다짐했다.

국내의 한 심리학 연구 논문에 따르면, 한국어에서 좋은 감정을 표현할 때 쓰이는 단어 중 가장 많은 사람에게 꼽힌 단어는 '홀가분하다'라고 한다. 이는 불편했던 무엇이 없어졌음을 의미하는 단어다. 공간에 뭔가를 채우는 대신 덜어내는 게 일상의 '홀가분 지수'를 높이고 단순해지는 방법이겠다 싶었다. 생각을 단순하게 하는 것보다 물건을 줄여서 주변을 단순하게 하는 편이 쉽게 사는 지름길이 아닐까.

책을 읽은 2016년 1월 무렵부터 물건을 틈나는 대로 정리하기 시작했다. 초등학교 때 쓴 일기장, 흥미가 떨어져 방치된 우쿨렐레, 낡은 운동화 등등. 몇 년이나 가지고 있던 물건을 버리는 게 처음엔 쉽지 않았다. 마음을 내려놓는 데도 연습이 필요했다. 정리하고 내 품에서 떠나보내기 위해서는 의식적으로 생각을 전환해야 했다.

'그래, 이 물건 없어도 살 수 있을 거야. 혹시 추억이 잊히더라도 마음 어딘가에는 남아 있겠지. 내가 훨씬 소중히 여기는 것을 위해 공간을 쓰는 거야.'

그렇게 물건을 하나하나 버리며 방은 점점 비어 갔지만 내면은 조금씩 채워지는 기분이었다. 시간과 에너지를 비축하는 방법을 전부터 찾고 있었는데, 미니멀 라이프가 그 기반이 되어줄 수도 있겠다는 기대가 생겼다. 남겨둔 물건들은 내가 좋아하거나 나와 상당히 잘 어울리는 것들이었고, 나는 그것들을 가지고 어떻게 즐겁게 보낼지 자주 생각했다. 적은 물건으로도 충만하게 살아갈 수 있고, 그런 삶이 나와 잘 맞으리라는 것을 예감했다.

그런대로 괜찮은 열 개보다
마음에 드는 한 개만 고르기

드러그 스토어에 가면 화려한 디자인으로 시선을 단박에 사로잡는 화장품이 많은데, 그걸 보면 '포장의 퀄리티만큼 제품도 좋을까, 케이스 꾸미느라 정작 내용물에는 신경을 덜 쓰지 않았을까'라는 생각이 든다. 예쁜 포장은 대개 친환경과 거리가 멀다. 끊임없이 시선을 붙잡는 신상품을 쏟아내서 불필요한 소비를 부추기는 자본주의가 종종 씁쓸하다.

물론 물건이 일상을 풍요롭게 해주기도 한다. 하지만 적당히 괜찮아 보여서 산 물건에 애정이 생길리 없다. 싫증이 쉽게 나서, 버리고 싶은 순간도 일찌감치 찾아온다. 그냥저냥 괜찮아서 들인 물건으로 내

공간이 복작복작해지면 스스로 어떤 취향을 가졌는지도 알 수 없게 되어버린다. 개성은 없지만 적당히 괜찮은 사람 같아진달까.

사실 인생을 살며 느끼는 공허함이나 결핍감 같은 감정에 무뎌지기 위해 필요하지도 않은 물건을 산 적이 적지 않았다. 지금 당장 없이 산다고 어떻게 되는 것도 아닌 물건에 얽매여서 돈과 시간을 낭비하는 건, 내가 살고 싶은 삶을 살아가는 데 별 도움이 되지 않았다. 어떻게 하면 필요한 만큼만 가지고 살면서도 내면의 평화를 지킬 수 있을지 고민했다.

해답을 찾기 위해서 내가 언제 울적하거나 기분이 나쁜지 탐색했다. 평소 감정의 흐름을 유심히 살펴본 결과, 대부분 '나답게 살지 못하고 있다'는 느낌이 들 때였다. 실제로는 관심 없는 일들에 이리저리 에너지와 시간을 뺏기고 나면 초조하고 신경이 날카로워졌다. 반면, 잠깐이라도 좋아하는 일에 시간을 쓰고 그걸 통해 뭔가를 배우면, 충만함으로 마음이 차오르고 에너지가 생겼다.

나도 사람인지라 '국민템' 같은 수식어가 붙는 물건을 가지고 있지 않다는 사실에 슬쩍 불안할 때가 있다. 그렇게 마음이 흔들릴 때면 내 관심사를 떠올린다. 자신이 중요하게 여기는 활동에 몰두하며 내적, 외적으로 성장할 때 행복하다는 걸 마음속에 되새기다 보면 흔들렸던 마음도 어느새 차분해진다. 남들이 좋다고 하는 것이 나에겐 그저 그럴 수도 있는 거니까.

　새로운 물건 앞에 서서 오늘도 질문을 던진다. 정말 마음에 드느냐고. 정말 필요한 거냐고. 나는 멋지고 신기한 물건이 넘쳐나는 세상에서 종종 시큰둥하다.

미니멀 라이프의
매력 찾기

　미니멀 라이프를 선택한 지 3년이 지난 지금, 적은 물건으로 살면서 경험한 긍정적인 변화가 있다.

　첫째, 전보다 마음이 편안하다. 미니멀 라이프를 하더라도 물건을 어느 정도까지 소유할 것인지에 대한 기준이 저마다 다를 텐데, 나의 경우 아무것도 없는 공간에서 살고 싶지는 않았다. 그래서 지금까지 쓰던 가구들은 그대로 두었다. 대신 물건을 줄이고자 마음먹었다. 원래 물건을 살 때 신중한 편이고 물욕이 많지 않아서 해볼 만하다고 생각했다.
　미니멀 라이프가 가져다준 만족감은 훌륭했는

데, 물건으로 가득한 방이 창문 없는 방이라 하면 물건을 줄인 방은 환기가 잘 되고 바람이 잘 통하는 방이랄까. 방 안이 단정해져서 에너지가 충전되고 집중도 잘 된다.

생각해보면 물건이 지금보다 많았을 때 오히려 마음이 불안했다. '사람이 먹고살려면 이렇게 많은 물건이 필요해. 이 생활을 유지하려면 돈을 계속 벌어야 하는데 앞으로도 그럴 수 있을까?' 생각이 이런 식으로 흘렀다. 살아가는 데 그리 많은 것이 필요하지 않다는 걸 물건을 줄이며 안 후로는, 돈과 미래에 대한 걱정을 내려놓게 되어 마음이 한결 가벼워졌다.

둘째, 나 자신을 전보다 잘 알게 된다. 남겨둔 물건에는 개인의 취향이 담겨 있다. 예를 들면, 내가 정리하고 남은 옷들은 하나같이 촉감이 부드럽다. 그러면 '나는 부드러운 촉감의 옷을 좋아하는 사람이구나'라는 나름의 정의가 가능해진다.

셋째, 정리가 습관이 된다. 《마음을 다해 대충 하는 미니멀 라이프》의 저자 밀리카는 '최고의 인테리

어는 청소이고, 청소를 도와주는 최고의 수단은 미니멀 라이프'라고 말한다. 물건이 많으면 먼지를 훔쳐내려고 해도 품이 많이 든다. 물건에 앉은 먼지를 닦은 후, 물건을 들어 올려서 바닥을 닦고 다시 제자리에 내려놓아야 한다. 이렇게 되면 청소가 번거로워진다. 그런데 물건을 줄이고 나니까 청소가 수월한 것은 물론이고, 정리할 물건 자체가 적어서 시간도 적게 걸린다.

마지막으로, 삶의 만족도가 높아진다. 물건을 비워보니까, 그동안 물건에 공간을 내어주면서 감수했던 것이 많았음을 깨달았다. 이후 '가지고 있는 물건이라면 최대한 활용하고, 활용하지 못할 거면 정리한다'는 철칙이 생겼다. 특히 유의미한 변화는 물건을 특별한 날을 위해 아껴두지 않는다는 점이다. 지금 이 순간을 충만하게 사는 것. 있는 물건을 잘 쓰는 것. 이런 나의 철학이 미니멀 라이프에 녹아들면서 오늘을 즐길 수 있게 되었다.

버린 물건
기록하기

나는 의류, 신발, 모자, 가방 등을 버리거나 기증
하면서 처분 날짜와 이유를 적어둔다. 처분했다는 사
실을 잊어버리고 온 옷장을 뒤져가며 없는 옷을 찾는,
혼자만의 전쟁을 경험하고 나서부터 시작한 일이다.
버린 것은 기억이 나는데 왜 버렸는지 납득이 안 될
때 역시 기록을 보면 된다.

버린 물건을 기록하는 것은 새로 물건을 살 때 참
고가 된다. 특히 옷이 그런데, 처분할 때마다 단골로
등장하는 이유가 있다. '입었을 때 무거워서' 혹은 '촉
감이 까칠까칠해서'가 주요 원인이다. 그 외에도 '이
색깔의 옷을 입으면 기분이 가라앉아서' 혹은 '이 옷

만 입으면 얼굴이 칙칙해 보여서' 등의 이유도 있다. 적어둔 목록을 살펴보면서, 자연스럽게 옷의 촉감, 색상, 구김 정도 등을 비교하며 내가 어떤 옷을 선호하고 어떤 옷을 싫어하는지 배운다.

이제 나는 기록을 통해 얻은 정보를 가지고 전보다 쇼핑을 수월하게 할 수 있다. 옷 가게에 들어서면 먼저 스타일과 촉감으로 옷을 솎아내고, 이후 색상을 고른다. 그다음 거울에 대보고 입어본 뒤 마음에 들면 구입한다. 이렇게 하면 적어도 사놓고 입지 않을 옷을 구입하지는 않는다. 옷을 고르는 기준이 뚜렷해졌기 때문에, 잘 어울린다는 직원의 칭찬에도 냉철함을 유지하기가 쉽다.

쇼핑하는 데 드는 시간과 에너지도 훨씬 줄어든다. 예전에는 쇼핑을 하는 게 힘이 들었고 시간도 적지 않게 걸렸다. 지금 생각해보면 결정을 못 내려서가 아니라 나에 대해 잘 알지 못했기.때문이었다.

그랬던 내가 옷을 정리하고 기록하면서 깨달았다. 어울리지 않는 옷을 사놓고 자주 입지 않는 것보다는 마음에 쏙 드는 옷을 사서 자주 입는 편이 실리적이라는 것을. 자연스럽게 내 스타일이 아닌 옷에는 욕심을 부리지 않게 된다. 그리고 이거다 싶은 옷은 가격이 비싸더라도 흔쾌히 구입하는 결단력이 생긴다. 자연히 옷을 고르고 구입을 결정하기까지 시간이 적게 들 뿐만 아니라, 여러 곳을 돌아다닐 필요도 없게 된다.

더군다나 요즘 옷 가게들은 유행에 맞춰 엇비슷한 옷들을 진열하기 때문에 취향이 확실하면 서너 군데만 방문해도 내게 어울리는 옷이 보인다. 여러 가게를 돌아다니는 대신 느낌이 오는 한두 곳에서 산뜻하게 쇼핑을 마치고 돌아가는 길이면 발걸음이 가볍다. 버린 물건을 기록하는 데서 오는 큰 메리트다.

내 옷장
기억하기

전에는 낡고 늘어져서 입지 못하는 옷을 어쩌지
못하고 버렸는데, 얼마 전 타월 대용으로라도 써볼까
싶어서 손바닥 크기만큼 가위로 잘라두었다. 그리곤
접시에 묻은 기름기를 닦을 때, 바닥을 훔쳐낼 때 여
러모로 잘 썼다. 생각해보니까 낡은 헝겊을 오려서
재사용했던 사람이 있었는데 바로 외할머니였다. 예
전에는 '그냥 버리지 뭘 또 잘라서까지 쓰나' 싶었는
데, 이젠 내가 그렇게 하고 있다. 절약이 몸에 밴 할머
니는 친환경적인 삶의 모범이었다.

물건을 줄이면서 옷을 대하는 마음이 달라졌다.

마음에 쏙 드는 옷, 그냥 그렇지만 샀으니까 입는 옷, 안 맞아서 못 입는 옷을 모두 끌어안고 살았을 때보다 옷 관리에 더 신경 쓰게 되었다. 옷장 정리와 쇼핑에 쓰는 시간이 줄면서 여유가 생긴 덕분이었다.

옷이 지금보다 많았을 때는 약속 전날까지 준비 없이 있다가 당일에 후회한 적이 한두 번이 아니었다. 약속 시간은 다가오는데 다리미를 꺼내서 구겨진 셔츠를 다리고 먼지 묻은 구두를 닦으며 허둥지둥했다. 한 번 외출할 때마다 방바닥은 이런저런 옷으로 어질러졌고, 이 신발 저 신발 신다가 시간에 쫓겨 집을 나섰다.

미니멀리스트로 사는 지금은 어떨까? 우선, 외출을 앞두고 무엇을 입을지 길게 고민하지 않는다. 머릿속에 옷장 안이 훤히 그려지기 때문이다. 적당한 옷을 미리 정해둔 뒤 필요하면 세탁을 하고 구겨졌으면 다림질도 해둔다. 옷에 어울리는 신발도 골라서 깨끗하게 손질한다. 이렇게 하면 약속 날의 일정도 미리 상상해볼 만큼 여유가 생긴다.

외출 후 집에 돌아오면 입었던 옷을 눈으로 스캔

하며 자주 하는 일이 있다. 바로 실밥 자르기다. 옷의 가짓수는 적지만 항상 깨끗한 차림을 유지하기 위함 이다. 제때 세탁하지 않으면 입을 옷이 없기 때문에 손빨래도 자주 한다.

한때 나는 꿰매거나 천을 덧대어 입는 것을 궁상 맞다고 여겼다. 하지만 지금은 옷을 만드는 데 투입 되는 자원과 제조 과정에서 자연에 끼치는 해로움, 무엇보다 옷이 버려졌을 때 쓰레기가 된다는 사실이 마음에 걸려서 기꺼이 실과 바늘을 꺼낸다.

목이 늘어나서 벗겨지는 양말은 우레탄 줄을 꿰 어 다시 쫀쫀하게 만든다. 유튜브 동영상을 보고 배 운 것이다. 우레탄 줄이 플라스틱이 아니었으면 더 좋았겠지만 새 양말 한 켤레를 만드는 과정에서 환경 에 끼치는 악영향을 고려할 때 이쪽이 훨씬 낫다. 1톤 의 섬유가 1톤의 유리를 만드는 것보다 열 배나 많은 에너지를 소비한다고 하니 말이다.

옷 관리에 정성을 들여도 피할 수 없는 것이 있으 니 그것은 바로 풀풀 올라오는 보풀. 보풀 제거기를 사볼까 했지만 그만한 값어치를 할까 싶어서 집에 있는 가위로 조심조심 잘라내는 것에 만족하고 있다.

어느 날엔 바지에 생긴 보풀을 자르다가 그만 바지까지 자르고 말았다. 아주 작은 구멍이었지만 입으면 맨살이 살짝 보여서 옷 가게에 가져갔더니 수선이 안 될 것 같단다. 다행히 옷 가게 직원이 준 아이디어에서 방법을 찾았다. 안쪽에 검정 테이프를 붙이는 것이었다. 가끔 테이프를 교체해줘야 한다는 번거로움이 있었지만 나름 괜찮은 방법이었다.

얼마 후엔 타이츠 보풀을 가위로 잘라내다가 일을 냈다. 구멍 하나 때문에 멀쩡한 걸 버리기는 아까워, 바느질로 손을 보니 다행히 살아났다. 이렇게라도 하면서 옷 한 벌 한 벌을 최대한 오래 입고 싶다. 옷 쓰레기 버리는 일을 최대한 뒤로 미루고 싶다.

가장 마지막까지 남을
소중한 것만 갖기

정리는 선택의 과정이다. 공간을 정돈하기 위해
서는 질문하고 답하는 과정을 거쳐야 한다. 버릴 것
이냐 그대로 둘 것이냐를 두고 나 자신과 대화하다
보면 내가 무엇을 좋아하는 사람이고 무엇을 할 때
행복한 사람인지 되돌아보게 된다. 의도치 않게, 잊
고 있던 나를 다시 들여다보는 것이다.

공간을 정리하면서 평소에 눈에 띄지 않던 물건
이 여기저기에서 나왔는데, 미술 도구도 그중 하나였
다. 구석진 곳에 두고 1년에 겨우 한두 번 꺼내 쓰면
서도, 그릴 때마다 기분 전환이 됐던 터라 가지고 있

었다. 물건 비우기가 거듭될수록 미술 도구는 점점 눈에 띄는 자리로 옮겨졌다. 잡동사니에 묻혀 있을 때는 덩달아 별것 아닌 물건이 됐는데, 깔끔하게 정리된 곳에 두니까 자연스럽게 손이 갔다. 그러는 사이 재미를 붙여서, 화방에 가고 미술 관련 책도 사서 읽었다.

하루는 큰맘 먹고 태블릿을 장만했다. 디지털 그림을 그리기 위해 포토샵을 배우고 서투른 대로 그림을 그렸다. 블로그를 하면 연습한 그림을 올릴 수 있겠다는 생각에 블로그도 시작했다. 그다음엔 그림에 어울리는 글을 쓰면 좋겠다 싶어 브런치에 작가 신청을 했고, 브런치에 올린 글로 이렇게 책을 내게 되었다. 물건 정리를 했을 뿐인데, 삶의 전환점을 만난 것이다.

물건 정리를 하면서 마지막까지 버리지 않은 것이 또 있는데, 바로 영어책이다. 평소 외국어에 흥미를 느끼긴 했지만, 수차례 공간을 정리하면서도 남겨둔 이유가 무엇인지 생각해봤다. 영어가 내게 이 정도로 의미 있었던 건가 싶어 한번 애정을 쏟아봐야겠다고 다짐했다. 끝까지 남겨둔 영어책을 보고 또 보면서 몇 개월을 보낸 후 토익 시험을 봤는데, 난생처음 900점을 넘었다. 눈에 보이는 결과를 얻으니 자신감이 생겼고 그 과정에서 내 열정을 확인할 수 있었다. 요즘도 영어 사전과 교재를 잘 보이는 곳에 두고 계속 공부하고 있다.

책《나는 단순하게 살기로 했다》에는 '정말 중요한 것을 발견하기 위해 미니멀리즘이라는 도구가 존재한다'라는 내용이 있다. 200퍼센트 공감한다. 비우다 보면 가장 소중한 것이 마지막에 남는다. 세상 모든 것에 마음을 쏟기엔 주어진 시간과 에너지가 한정되어 있다. 지금부터라도 미니멀 라이프를 시작해 나 자신에게 소중한 것을 발견하고, 그것을 마음껏 편애하기를 바란다.

매일 똑같은 옷을 입고
출근하기

매일 다르게 옷을 입어야 한다는 법은 어디에도 없는데, 많은 사람이 매일 옷을 바꿔 입는다. 그날 기분에 따라 끌리는 옷을 입고 싶은 것도 있겠지만, 남의 시선을 의식해 옷차림에 무신경하거나 옷 없는 사람처럼 보일까 봐 그럴 수도 있겠다.

어느 날, 내가 매일 똑같은 옷을 입고 출근하기로 한 이유는 그렇게 살아도 된다는 걸 실험해보고 싶어서였다. 연예인도 아니고 패셔니스타가 될 생각도 없는데, 옷을 요일별로 바꿔 입으면서 환경에 좋지 않은 영향을 줄 이유가 없으니까.

물론 계기가 아예 없었던 건 아니었다. 당시에 몸을 많이 움직이는 일을 시작한지라 옷차림이 편해야 했는데 당시 가진 옷 중 가장 편한 티셔츠가 한 장, 가장 편한 바지가 하나였을 뿐이었다. '굳이 여기서 더 옷을 살 필요가 있나' 싶어 시작했다.

그렇게 매일 같은 옷을 입고 출근했다. 똑같은 티셔츠에 똑같은 바지. 신발도 매번 같은 걸로 신었다. 처음에는 사람들의 이목이 신경 쓰이고 옷을 깨끗이 관리할 수 있을지 고민이었는데, 막상 해보니까 어렵지 않았다. 날이 더워지고 땀을 많이 흘려서 티셔츠를 거의 매일 빨았는데, 예상 외로 옷감이 상하지 않고 잘 버텨줬다.

생각해보니까 매일 옷을 바꿔 입는다고 해서 세탁을 매일 하는 건 아니었다. 반대로 매번 똑같은 옷을 입는다고 해도 세탁하고 건조할 시간을 마련하려고 하면 얼마든지 가능했다. 매일 같은 옷을 입어도 항상 깨끗이 입으면 그걸로 된 거 아닐까? 남의 이목은 점점 관심 밖이 되었다. 실제로 매일 같은 옷을 입으니까 좋은 점이 많았다. 아침에 고민할 것 없어 옷 입기가 정말 수월했고 옷을 살 필요도 없었다.

'우리가 만드는 옷이 쓰레기가 될 수도 있는데 계속 만들어야 할까?' 세상에 이런 질문을 던지는 디자이너를 발견했다. 22년째 패션 디자이너로 활동 중인 '파츠파츠PARTsPARTs'의 임선옥 대표다. 그는 패션 사이클이 굉장히 빠르고 소비적으로 돌아가는 데 염증을 느껴 해답을 찾다가, 버려지는 옷을 최소화하고 지속 가능한 방식을 추구하는 파츠파츠를 만들었다.

　그는 패스트 패션 덕분에 누구나 유행에 맞는 옷을 입게 됐지만, 개성은 없어졌다고 주장했다. 또 스티브 잡스처럼 한 가지 스타일의 옷만 입는 사람들이 늘어나고, 오래도록 입을 수 있는 유니폼 같은 옷이 더 주목받을 거라 전망했다. 환경을 고민하는 것도 디자이너의 역할이라는 임 대표의 주장을 패션 업계의 사람들은 진지하게 고민해봐야 하지 않을까?

　지금 나는 원래대로 옷을 바꿔 입으며 지낸다. 이전과 달라진 점이 있다면 언제든 마음이 내키면 연이어 같은 옷을 입을 수 있게 되었다는 것이다. 고정 관념을 탈피하고 나자 환경을 지키는 것은 물론, 자유까지 되찾은 셈이다.

2.

플라스틱 알레르기

쓰레기 버릴 때
재활용 마크 확인하기

환경에 관심이 있었던 나에겐 믿는 구석이 있었는데, 그건 바로 재활용이었다. 쓰레기를 종류별로 분리해서 버리기만 하면 자원을 절약할 수 있다고 생각했다. 분리수거를 하려고 살뜰히 모아놓은 플라스틱을 보면 뿌듯했다.

그런데 어느 날 믿기지 않는 현실을 알게 되었다. 환경부의 발표에 따르면 국내 플라스틱 재활용률은 30퍼센트에 불과하며, 상당수의 플라스틱 폐기물이 쓰레기로 처리되고 있다는 것이었다. 재활용으로 처리하는 비용이 원료를 사는 것보다 비싸기 때문이었다. 그날의 충격은 몹시 컸다. 그동안 내가 한 분리배출은 뭐였는가. 기껏 열심히 분류한 게 쓰레기로 버려졌을지도 모른다니. 정부는 왜 이 사실을 알리지 않았을까?

쓰레기로 버려질지도 모른다고 생각하니 분리배출에 대한 의욕도 생기지 않았다. 수고롭게 분리해도 재활용이 안 된다니 기가 찼다. 현실을 알고 난 뒤로는 물건을 고를 때 소재가 무엇인지 따져보게 되었다. 의식하고 봤더니 플라스틱이 아닌 게 없었고, 피하려고 하면 물건을 살 수 없는 지경이었다. 그렇다고 꼭 필요한 것을 안 쓰고 살 수는 없는 일.

이 생각에 한동안 피곤했지만 체념을 오래 끌고 가지 않았다. 분리수거된 것 전부가 쓰레기로 버려지지는 않았고, 재활용이 잘 되게 하는 방법이 있었기 때문이다. 실천할 수 있는 것부터 시도하기로 했다.

먼저 쓰레기를 버리기 전 재활용 마크를 확인했다. 재질이 두 가지 이상이면 따로 분리했다. 플라스틱병을 예로 들면 본체는 플라스틱으로, 병에 붙은 라벨은 비닐로 분리하여 배출하는 것이다.

식품 포장재는 물에 깨끗이 씻어 버리기로 했다. 다 마신 요구르트병도 잔여물을 깨끗이 헹구고, 샐러드 소스가 묻은 플라스틱 용기도 잘 씻은 후 배출하는 식이다.

또 정부가 쓰레기 문제 해결에 적극적으로 개입해야 한다는 목소리에 힘을 보태야겠다는 생각이 들었다. 개인적으로도 쓰레기 문제 해결에 도움을 주기 위해, 재활용률이 왜 낮은지 알아보고 앞에서 말한 것 외에도 재활용률을 높이는 다른 방법을 찾아서 행동으로 옮기기 시작했다.

라벨을 떼어야
재활용된다는 사실 잊지 말기

음식물을 담은 용기에는 성분, 영양 정보, 유통 기한 등이 적힌 라벨이 붙는다. 분리배출만 하면 모두 재활용이 되는 줄 알았던 시절엔 페트병 용기에 붙은 라벨에 신경 쓰지 않았는데, 쓰레기 대란이 벌어지고 나서야 알았다. 라벨을 떼어야 재활용이 용이하고, 그러지 않으면 라벨을 제거하느라 공정이 복잡해져 비용은 비용대로 들면서 재활용률은 떨어진다는 사실을.

현실을 알고 나서부터는 플라스틱에 붙은 라벨을 꼭 분리해서 따로 버렸다. 실제로 해보니 라벨이 생각보다 많이 붙어 있단 걸 알 수 있었다. 어떤 가공식품 용기에서는 라벨이 세 개나 나왔다. 무심코 봤을 때는 보이지 않는 라벨이 많아 새삼 놀랐다. 떼어낸 라벨은 테이프 대용으로 사용하고 버렸다. 바닥이나 옷에 붙은 먼지를 제거하는 데 유용했다. 라벨을 다 떼어내고 난 빈 용기를 보면 느낌이 사뭇 달라졌다.

페트병의 경우에는 라벨을 떼어내기 쉽도록 절취선이 있는 제품도 있지만, 접착제로 붙인 제품도 있어 개선이 필요하다. 《환경일보》의 한 기사에 따르면, 라벨에 절취선 방식을 쓴 페트병은 두세 번의 세척만으로 재활용이 가능한 반면, 라벨을 접착제로 붙인 페트병은 고온의 양잿물에 열 번 정도 처리해야 한단다. 비효율적인 일이 아닐 수 없다.

국내에서 페트병을 가장 많이 사용하는 기업인 롯데가 수출용 페트병 라벨은 비접착 방식으로 만들면서 내수용은 접착식으로 붙여 판매한다는 JTBC의 뉴스를 본 적이 있다. 국내용은 왜 비접착식으로 만들지 않느냐고 묻자 "우리나라 사람들의 분리배출 의식이 떨어지기 때문에 굳이 그렇게 할 필요가 없다"라고 말했다고 한다. 평소 라벨을 착실하게 분리해서 배출하고 있는 사람이라면 외국과 비교당한 것에 자존심이 상하고 분통이 터질 이야기다.

분리배출을 제대로 하지 않으면서 '기업이 쓰레기 줄이기에 노력하지 않는다'고 불평해봐야 목소리에 힘이 실리지 않을 것이다. 기업이 페트병 라벨을 비접착식으로 바꾼다고 한들, 소비자가 그걸 알아채지 못하거나 바뀐 까닭을 알지 못한다면? 늘 그랬듯 라벨이 붙은 채로 페트병을 버릴 것이다. 그간 분리배출을 어렵게 만들었던 기업과 제대로 홍보하지 않은 정부 당국을 비판할 수는 있지만, 우리 스스로도 제대로 된 분리배출에 얼마나 관심을 기울였는지 생각해보아야 하지 않을까.

플라스틱을 줄여야 하는
이유 알기

언젠가 각질 제거용 세안제를 써본 적이 있었다. 세안제 안에는 작은 알갱이들이 들어 있었는데 얼굴에 문지르자 입자가 피부에 느껴졌다. 얼마 후에는 치약을 쓰는데 치약에도 작은 입자들이 보였다. 요새는 알갱이가 유행인가보다, 별의별 제품이 다 나온다 싶었다.

그런데 화장품과 치약에 든 알갱이가 플라스틱이라는 사실을 환경 단체 캠페인을 통해 알게 되었다. 둘 다 헹궈내는 거니까 당연히 물에 녹을 거라 생각해왔는데, 속은 기분이었다. 양치질하다가 실수로 삼키면 어쩌려고 플라스틱을 쓴 것인가.

작은 입자 형태를 띠어 '마이크로비즈Microbeads'라고 불리는 이 미세한 플라스틱이 어떻게 문제가 되는지 알아보니 더 가관이었다. 제품 속 작은 플라스틱 입자가 바다로 흘러 들어가면 먹이사슬을 통해 생물체 안에 축적될 수 있다고 한다.

플라스틱이 해양 생물의 체내로 들어가면 물리적인 상처를 내는 것은 물론, 플라스틱을 만들 때 첨가하는 프탈레이트Phthalate, 비스페놀ABisphenol A, 노닐페놀Nonylphenol 등의 환경 호르몬 역시 문제가 된다. 환경 호르몬은 생식 기능 저하, 암, 비만 등의 원인이 되는 것으로 알려져 있다. 여기에 바닷속 유해 화학 물질이 들러붙으면 그 위험성은 더 높아진다.

환경 호르몬에 대한 위험성이 알려지면서 BPA Free 플라스틱* 제품이 나왔으나 대안이 될 수 없어 보인다. 최근에 나온 한 연구 결과에 따르면 대체 물질도 비스페놀A와 유사하게 호르몬 교란을 일으킨다고 하니 말이다.

* 환경 호르몬인 비스페놀A가 검출되지 않은 플라스틱.

화장품이나 치약에 넣는 것만 미세 플라스틱이 아니다. 각종 플라스틱이 잘게 쪼개어지면 그 역시 미세 플라스틱이 된다. 각질 제거 제품을 쓰지 않고 알갱이가 든 치약을 쓰지 않아도, 플라스틱을 버리는 것만으로 해양 오염에 일조하게 된다고 하니 마음이 착잡하다. 맛있는 골뱅이 비빔국수를 먹다가도, 몇 년째 쓰고 있는 물병 뚜껑을 여닫다가도, 수영장에서 모서리가 둥글둥글하게 닳은 킥판을 보다가도 미세 플라스틱 생각이 난다.

우리가 잘 아는 건강 수칙에는 수분 충분히 섭취하기, 운동하기, 숙면하기, 균형 잡힌 식사하기 등이 있다. 여기에 플라스틱 제품 적게 쓰기를 추가해도 전혀 이상하지 않은 세상이다. 환경을 지키는 것이 곧 내 건강을 지키는 일이기 때문이다.

플라스틱 사용,
지금 꼭 필요한지 생각하기

《플라스틱 사회》의 저자 수전 프라인켈은 어느 인터뷰에서 다음과 같이 말했다.

"사람들은 플라스틱을 쉽게 악마 취급하곤 합니다. '플라스틱 정말 싫어, 끔찍한 물질이야. 절대 플라스틱을 쓰지 않을 거야'라면서 말이죠. 하지만 문제는 플라스틱이라는 물질이 아니라 우리가 플라스틱으로 뭘 하느냐입니다."

EBS 다큐멘터리 〈플라스틱 인류〉 편에서 등장하는 해양 원정 연구소Oceans voyages institute 창립자 메리

클로울리 역시 비슷한 이야기를 했다.

"저는 플라스틱을 재료로 쓰는 것에 반대하지 않아요. 플라스틱은 철로를 묶거나 건축 자재로 쓰거나 특정 의료 목적으로 사용해야 한다고 생각해요."

나 역시 두 사람의 생각에 동의한다. 쓰레기를 줄이자고 의료용 주사기를 재사용할 수는 없는 일이다. 플라스틱은 장점이 많다. 싸고 가벼우며, 견고하면서도 유연해 가공이 쉽다. 이 좋은 걸 안 쓰는 건 손해라는 생각마저 든다. 플라스틱을 가급적 쓰지 말자는 것이지 모든 플라스틱을 없애자는 주장을 하고 싶지는 않다. 다만 대체재가 있는 플라스틱 제품의 사용은 자제해야 한다는 것이다.

글로벌 시장 조사 업체 스태티스타Statista에 따르면 1950년 150만 톤에 불과하던 전 세계 플라스틱 생산량은 2018년 3억 5,900만 톤으로 늘었다. 플라스틱 쓰레기가 이 정도로 문제가 된 건 쓰지 않아도 되는 제품에까지 플라스틱을 남용했기 때문이다. 우리가 재활용하거나 소각할 수 있는 범위를 초과하지 않기 위해선 반드시 소비를 줄여야 한다. 다행히 플라스틱 사용을 줄이는 방법들이 많다. 배달 음식을 먹을 때 집에 있는 숟가락을 이용하고 장을 보러 갈 때 장바구니를 드는 것. 누구나 알고 있는 쉬운 방법들이다.

많은 사람이 자원을 낭비하면 순식간에 폭발적으로 증가하는 게 쓰레기지만, 반대로 많은 사람이 조금씩이라도 낭비를 줄이면 눈에 띄게 줄일 수 있는 것 역시 쓰레기다. 플라스틱 제품을 쓰기 전에 스스로 물어보자. '꼭 써야 하는 것일까? 혹시 대안은 없을까?' 우리가 서로 질문하고 아이디어를 공유한다면 지금보다 더 많은 대안이 나올 수 있을 것이다.

옷을 고를 때는
신중하기

예전에는 옷을 고를 때 사람들이 보통 그러듯이 디자인, 품질, 가격 등을 고려했다. 이젠 고려 사항이 한 가지 더 늘었는데 바로 소재다. 나일론이나 폴리에스터 같은 합성 섬유로 된 의류를 세탁하면 그때마다 수십만 개의 미세 플라스틱이 떨어져나온다는 걸 알게 됐기 때문이다.

나는 옷이 필요하면 먼저 '아름다운가게'에 가서 입을 만한 게 있는지 살펴본다. 중고 매장에도 합성 섬유로 된 옷이 많지만, 아직 깨끗한 옷이라면 그 쓰임새를 더 하다가 버려지는 게 환경에 나을 거라 생각한다. 그곳에서 원하는 옷을 찾지 못할 때야 비로소 새 옷을 산다. 옷 가게에 가더라도 가급적 합성 섬유가 없는 옷을 찾아보지만, 일반적으로 합성 섬유가 아닌 옷이 거의 없다시피해서 소재까지 만족스러운 옷을 고르지는 못한다. 옷 가게에 들어갔다가 소재를 알아볼 방법이 없으면 도로 가게를 나오기도 한다.

처음부터 중고를 쉽게 구매한 것은 아니었다. 특히 옷이나 가방처럼 일상적으로 착용하는 물건을 중고로 사는 것이 내키지 않았다. 그래서 한동안 기증만 했는데, 쓰레기와 미세 플라스틱 문제가 갈수록 심각해지자 생각이 달라졌다. 기증만 할 게 아니라 한번 구입해보기로 한 것이다. 깨끗이 세탁해서 입으니, 어느 순간 이걸 중고로 샀었나 싶을 정도로 잘 입었다.

그 후 중고 의류를 종종 구입한다. 직접 사자면 가격을 제법 줘야 하는 브랜드 옷도 훨씬 저렴한 가격(비싸야 만 원 두 장)에 입을 수 있으니 부담이 없다. 자원 순환에 동참한다는 생각에 뿌듯하다. '아름다운 가게'에는 새것 같은 옷도 종종 들어오기 때문에 자주 방문할수록 좋은 옷을 건질 확률이 높다.

어떻게든 자원을 재사용하려는 사람들이 있는 반면, 브랜드 이미지를 보호한다는 이유로 막대한 양의 재고를 태우는 명품 브랜드가 있다. 그러나 환경에 대한 인식이 바뀌면서 명품 업계에도 변화의 바람이 불기 시작했다. 영국 명품 브랜드 버버리는 그동안 해오던 재고 소각 처분을 중단하겠다고 선언했다.

이와 관련해서 가끔 엉뚱한 상상을 해본다. 몇 년에 한 번 전 세계에 있는 모든 의류 브랜드가 생산을 멈추고 기존 매장과 창고에 있는 옷만을 판매하는 상상 말이다. 아니면 신상품을 만드는 대신 남은 재고를 리폼해서 새로 출시해도 멋질 것 같다. 화려한 새 옷들도 유행이 지나면 처치 곤란한 골칫거리가 되니 이런 방식도 진지하게 고려할 만하다.

얼마 전까지만 해도 옷에 동물 털을 쓰지 않으면 윤리적이고 친환경적이라는 의견에 동의했는데, 지금은 잘 모르겠다. 동물권에 대한 논의는 차치하고, 동물 털과 그것을 대체하는 합성 섬유 중 어떤 게 더 친환경적인지 고르기 어렵기 때문이다. 확실한 건 둘 중 무엇이 됐든 적게 소비하는 것이 친환경이다.

앞으로는 최소한의 옷으로 삶을 사는 미니멀 라이프가 환경을 지키고, 나아가 우리의 생존을 위한 길이 되리라 확신한다. 지금은 우리의 사소한 구매가 환경에 미치는 영향에 대해 심각하게 고민해볼 때이다.

'유기농'보다
'친환경' 하기

2012년 처음으로 '생활협동조합(약칭 생협)'에 가입한 이후 꾸준히 이용하고 있다. 생협은 소비자가 주체가 되어 윤리적인 방법으로 물자를 생산하고 판매하는 사업체이다. 건강을 챙기기 위해 건강한 음식을 골라 먹는 시대에 발맞춰 농약이나 화학 비료를 쓰지 않고 길러낸 농산물, 즉 '유기농 농산물'을 취급하는 단체가 바로 생협이다. 이 생협의 수요는 날이 갈수록 늘고 있다.

유통 과정에서 탄소 발자국을 적게 만들고, 환경과 사람에게 이로운 방식으로 식품을 생산하는 것이 건강과 생태계를 위해서 꼭 필요한 투자라고 생각한다. 나 역시 미래를 위한 일이라고 생각하며 생협을 이용하고 있다. 몸에 해로운 성분은 최소화하고 좋은 원료를 사용한 제품들이기에, 농수산물뿐만 아니라 가공식품과 친환경 생활용품도 애용한다.

65만 세대가 이용하는 한살림은 병 재사용, 우유 갑 회수, 장바구니 사용 등 자원 순환과 관련된 다양한 운동을 진행하는 대표적인 생협이다. 이런 한살림에 개인적으로 애정이 많지만, 한 가지 아쉬운 점이 있는데 플라스틱 포장이 많다는 것이다. 나에게 이로운 제품을 제공하지만, 포장까지 친환경적이지는 못하다.

비슷한 생각을 하는 사람이 많은지 한살림 이용후기에는 제품 포장지가 친환경적으로 개선되기를 바란다는 의견이 심심치 않게 올라온다. 포장 개선에 대한 조합원들의 의견에 대해서 한살림은 농산물이나 가공식품, 생활용품은 현행법상 표시 사항을 표기하기 위해 포장을 없애는 것이 거의 불가능하며, 축산물이나 수산물 또한 식품 안전과 품질 유지를 위해서 포장이 꼭 필요하다고 해명한다. 또 포장이 없으면 물류 공급 및 유통 과정에서 서로 다른 생산자의 물품이 섞일 우려가 있다고 한다.

그래서인지 농수산물 먹거리를 선택할 때 여전히 유기농인지 살펴보긴 하지만, 포장 없는 채소나 과일이 있는 마트로 발길을 돌리는 횟수가 늘었다. 포장된 유기농 오이보다 포장 없는 시장 오이가 오히려 친환경이 아닐까 싶은 생각이 든 것이다. 몸에 좋은 것을 고르기 위해 생협을 이용하고 있지만, 그래서 더욱 질문하지 않을 수 없다.

생협에서 앞으로도 건강한 먹거리를 얻을 수 있을까? 생협은 친환경인가? 앞으로의 생협 트렌드 또한 '유기농'보다 '친환경'이 되어야 하지 않을까?

쓰레기와 함께 산다고
생각해보기

비닐 쓰레기가 어떻게 처리되는지 궁금해서 왕
구량 감독의 영화 〈플라스틱 차이나〉를 찾아보았다.
중국 사회에 큰 파장을 불러온 다큐멘터리 영화였다.
주인공들은 언덕처럼 쌓인 플라스틱 쓰레기 옆에 거
주하면서 가난 속에 삶을 이어갔다. 비닐 쓰레기가
이렇게 열악한 환경에서 방치되고 있을 줄은 정말 몰
랐다. 보는 내내 영화 속 소녀에게 미안함을 느끼며
새삼 비닐 한 장이 무겁게 다가왔다.

그런데 쓰레기는 돈이라며 세계의 쓰레기를 받
아줬던 중국이 쓰레기 수입을 중단했다. 그 여파가
국내에 불어닥쳐서 가정에서 배출된 플라스틱과 폐

비닐이 한동안 오도 가도 못했던 일이 있었다. 이 '쓰레기 대란'으로 불편이 초래되자, 쓰레기를 기존보다 싸게 가져가는 대신, 폐비닐을 함께 수거해가는 조건을 수거 업체가 받아들이면서 문제는 일단락되었다.

통계상으로 우리나라가 중국에 보낸 플라스틱 폐기물의 양은 연간 20만 톤이었다. 2018년에 수출이 금지되었으니 지금은 우리가 처리하고 있느냐 하면, 그렇지 않다. 중국 대신 동남아시아 국가로 내보내고 있다. 국내 소각장에서 처리하는 것보다 비용이 저렴하니 돈을 주고 쓰레기를 보내는 것이다. 하지만 운송 및 처리 비용이 증가해서, 보낼 수 있는 양은 중국에 보내던 양의 절반도 되지 않는 8만 톤으로 급격히 줄었다.

폐기물 처리 시설도 부족한 데다, 다른 나라로 보낼 수 있는 양까지 줄면서 국내에서 처리해야 할 폐기물의 양이 급증했다. 거기다 최근 몇 년 사이 소각 비용이 두 배 가까이 인상되는 바람에, 요즘 쓰레기를 산처럼 쌓아놓고 도망가는 일이 비일비재하다고 한다. 중개인들이 쓰레기를 치워주겠다고 말한 뒤 농

촌 지역에 땅을 빌려 쓰레기를 몰래 투기하는 일도
다반사다.

　동남아로 보낸다 해도 문제가 있다. 대부분 재활
용이 어려워서 보내진 쓰레기다 보니, 사람이 일일이
손으로 재활용할 수 있는 것을 골라내고 나면 나머지
는 일반 쓰레기로 처리해야 한다. 그럼 소각 시설에
서 태우거나 땅에 묻을 거라고 생각하겠지만, 동남아
국가에는 매립이나 소각과 같은 폐기물 처리 인프라
가 제대로 갖춰져 있지 않다. 다른 말로 하면, 남은 쓰
레기를 아무데나 버린다는 것이다. 실제로 이 국가들
은 바다로 흘러가는 쓰레기가 많은 국가로 집계되고
있다.

　위 이야기는 라디오를 듣다가 알게 된 사실이다.
바다에 쓰레기가 왜 그리 떠다니며, 쓰레기가 섬을
이룰 정도로 많은지 의아했는데 방송을 듣고 이해가
되었다. 세계 각지에서 발생하는 쓰레기가 동남아를
정류장처럼 스쳐 지나갈 뿐 함께 쓰는 바다로 버려지
고 있다는 사실에 너무 놀랐고, 그 사실을 알면서도
쓰레기를 떠넘기고 있다는 데 다시 한번 놀랐다.

얼마 전 한국이 필리핀에 재활용 쓰레기라고 속이고 플라스틱과 함께 일반 쓰레기까지 보낸 사건을 두고 필리핀의 어느 환경 단체 활동가가 한 말이 인상 깊었다. 그는 필리핀 국민들이 자국을 쓰레기 매립장처럼 취급한 한국에 대해 불쾌함을 느낀다고 전했다. 그들의 화는 단순히 속았다는 데서 나오는 분노와 불만이 아니었다. 자국의 플라스틱 쓰레기도 다 처리하기 어려운 마당에, 다른 나라의 플라스틱 쓰레기가 오는 것을 원치 않는다는 명백한 항의였다.

이후 필리핀으로의 쓰레기 반출은 어려워졌는데, 코로나가 터졌다. 그 여파로 플라스틱 폐기물의 수출이 막히고, 유가마저 폭락했다. 재활용된 플라스틱보다 새 플라스틱 값이 싸다 보니, 플라스틱을 재활용해도 판로가 없어 힘든 상황이다.

앞으로 상황이 어떻게 전개될지 모르지만, 쓰레기를 수출하기는 점점 더 어려워질 것이다. 국내의 쓰레기는 국내에서 처리해야만 하는 날이 머지 않았다. 만약 동네에 플라스틱 재활용 처리 시설을 짓는다고 하면 찬성할 수 있겠는가? 우리는 자체적으로 감당할 준비가 되어 있는가? 감당할 수 없다면 예방이 최선이다. 일회용을 남용하지 않는 건 권장 사항이 아니라 필수여야 한다.

플라스틱에 목숨을 위협당하는
동물들 기억하기

어느 날 넷플릭스를 보다 〈플라스틱 바다를 삼키다〉라는 다큐멘터리가 눈에 띄었다. 바다에 버려진 쓰레기에 관한 내용이었다. 뉴스로 본 것보다 더 심각한 내용이 있을까 봐 보고 싶지 않았지만, 어떤 일이 일어나고 있는지 알아야겠다는 생각에 영상을 켰다. 역시 상황은 짐작했던 것보다 훨씬 나빴다.

한 고래의 사체에서 6제곱미터 크기의 비닐 시트가 발견되었다. 소화 기관이 비닐 시트로 막히자 먹이를 먹지 못한 고래는 영양실조로 숨을 거두었다. 인간 때문에 어처구니없이 바다 생물이 죽어가는 걸 보자니 죄책감이 들어 괴로웠다. 해변에서 몇 걸음

가다가 주저앉기를 거듭하던 바닷새도 있었다. 생물학자가 죽은 새의 배를 만져보며 플라스틱이 가득 차 있는 것 같다고 했다. 실제로 새의 내부는 갖가지 색깔과 크기의 플라스틱으로 가득 차 있었다. 체중의 15퍼센트에 달하는 플라스틱이 몸속에서 발견된 바닷새도 있었다. 사람으로 치면 위에 플라스틱 6~8킬로그램이 들어 있는 것과 같단다.

영상을 보고 나자 마음이 너덜너덜해졌다. 이런 상황에도 태평하게 일상을 살아가는 인간이라는 존재가 낯설게 다가왔다. 오늘 마트에 가기로 했는데, 발이 떨어지지 않았다. 포장 쓰레기를 같이 사올 생각을 하니 내키지가 않아 한참을 우두커니 앉아 있다가, 당장 집에 먹을 게 없으니 어쩔 수 없이 집을 나섰다.

마트에 도착해 평소보다 포장을 꼼꼼히 살펴서 물건을 골랐지만, 플라스틱에 포장된 게 대부분이라 선뜻 고르지 못했다. 심지어 사려고 했던 단감 두 줄은 큰 비닐에 한 번 더 포장되어 할인 행사를 하고 있었다. 그렇게 포장하지 않으면 안 되는 이유가 있는

걸까. 아무것도 사고 싶지 않아서 빈손으로 돌아섰
다. 집으로 돌아가는 길, 뱃속에 비닐이 가득 들어 있
던 새와 고래가 머릿속을 맴돌았다. 그 고통이 내게
전해지는 듯했다.

환경 부담금에
익숙해지기

　한때 흡연이 개인의 자유로 인식되던 때가 있었
지만, 이제는 지정된 구역 외에는 흡연을 할 수 없도
록 법이 바뀌었다. 이렇듯 시대가 바뀌고 있으므로,
일회용품을 일상적으로 쓰는 것 또한 개인의 자유라
고 할 수 있는지 의문을 가져볼 때가 아닌가 싶다. 본
디 자유란 타인의 행복에 피해를 주지 않는 선에서
보장되는 것 아닌가.

　세계 곳곳이 쓰레기로 넘치고 기후가 이상해지
고 있다. 편리하다는 이유로 남용하는 일회용품이 타
인, 사회 그리고 다음 세대에 악영향을 준다 해도 사
용을 존중해야 할까? 이것이 흡연과 마찬가지로 우

리의 건강권을 앗아가는 행동인데도?

대부분 커피숍에서는 음료를 테이크아웃하는 사람이나 매장에서 마시고 가는 사람이나 똑같은 금액을 낸다. 그런데 일회용품을 쓰든 쓰지 않든 지불하는 값이 같다는 건 사실 불공평하다. 일회용품은 제조, 처리 과정에서 환경에 좋지 않은 영향을 주고 모두의 건강에 결과적으로 유해하다. 일회용품을 쓴 사람 때문에 쓰지 않은 사람이 간접적으로 손해를 보는 것이다.

쓰레기 배출량을 줄이기 위해서라도, 식품을 테이크아웃하며 일회용품을 사용할 경우 어떤 방식으로든지 그에 대한 비용을 지불해야 한다고 생각한다. 즉 '환경 부담금'의 범위를 확대하고 강화해야 한다. 일회용품을 소비할 때마다 값을 지불해야 한다면 사람들은 구매를 줄이는 편을 택할 것이고, 그렇게 일회용품 사용은 줄어들 것이다. 정부가 정책으로 흡연자와 비흡연자 간의 형평성을 맞추기 위해 노력했듯이, 일회용품 사용자와 비사용자 간의 형평성을 맞춰줄 때라고 생각한다.

기업과 정부에
행동 촉구하기

　국제 환경 단체 그린피스가 만 19세 이상 성인 1,010명을 대상으로 진행한 대국민 인식도 조사 결과에 따르면, 대다수의 한국 국민이 재활용 쓰레기 대란, 플라스틱 쓰레기 필리핀 불법 수출, 국내 쓰레기 불법 야적, 해양 생물 피해 사실 등을 알고 있다고 답했다. 제품을 생산하고 판매하는 기업의 플라스틱 사용에 대해서 정부의 엄격한 규제가 필요하다고 답한 응답자는 무려 92.3퍼센트에 달했다. 또 91.7퍼센트의 응답자가 제품 포장, 테이크아웃, 일회용 플라스틱 대신 제품의 재사용을 늘리는 비즈니스 모델에 대해 이용할 의사가 있다고 답했다.

주변 지인들의 의견도 비슷하다. 재활용 쓰레기 대란 이후로 커피숍에 가면 쓰레기 문제에 관해 이야기를 나누곤 하는데 너나 할 것 없이 심각성을 인지하고 있다. 매장 내 일회용 컵 사용 금지와 종이 빨대 사용에 대해서도 수긍한다. 환경이 점점 나빠져서 큰일이라는 이야기가 이어진다.

이러한 움직임을 보면 플라스틱 사용 규제에 대해 소비자는 준비가 되었다. 이제 기업과 정부가 그에 맞춰 움직일 때다. 소비자의 반응은 정부가 더 강력하게 규제를 하더라도 사람들이 불편을 받아들일 거라는 뜻으로 읽히기도 한다. 초기에는 잡음이 발생하더라도, 다회용 컵 사용이 자리를 잡았듯 시간이 지나면 적응할 수 있을 것이다.

사람들의 관심이 늘고 있는 지금이 관련 법안이나 정책을 시행하기 가장 좋은 시기라고 생각한다. 시민들이 나서 기업에 변화를 촉구하고, 정부에는 강력한 정책을 시행할 수 있도록 관심과 힘을 실어주는 것이 더 나은 환경을 현실로 만드는 방법이다.

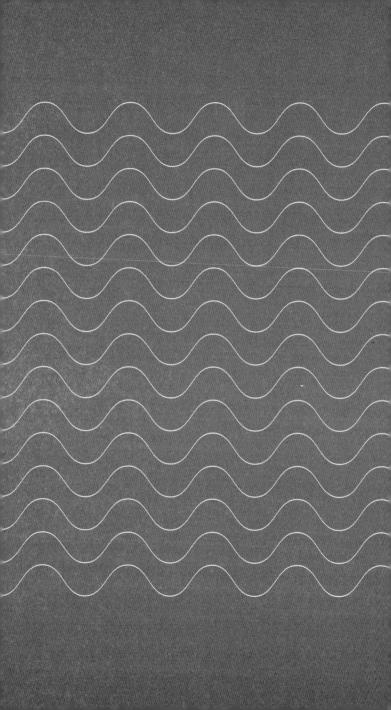

3.

지구를 아껴 쓰는 법,
제로 웨이스트

소신대로
행동하기

"정원 님, 여기 젓가락 받으세요."

사회생활을 하다 보면 내 의지와 상관없이 포장된 음식을 먹게 될 경우가 있는데, 예전에는 일회용품 대신 개인 수저를 쓰고 싶어도 그러지 못했다. 유난스러워 보이고 세상 혼자 진지하게 사는 사람으로 주목받게 될까 봐 부담스러웠기 때문이다. 건네주는 일회용품을 거절하기가 뭣해서 그냥 쓰곤 했지만 마음이 편하지 않았다.

쓰레기 문제에 대한 걱정이 깊어가던 어느 날, 사람들에게 내 모습이 어떻게 비칠지 고민하지 않기

로 했다. 개인 젓가락과 수저를 그냥 꺼내 써보기로
한 것이다. 예상대로 주위에서 알아보았고 일회용품
쓰레기가 문제라는 것에 공감한다고 했다. 분위기가
크게 달라지지는 않았다. 한번 시도해보니 두 번은
쉬웠다.

　지금은 사람들 시선에 신경 쓰지 않고, 아니 신경
이 쓰이더라도 개인 수저를 꺼낸다. 사용 후에 세척이
번거롭더라도 이러는 편이 기분 좋다. 나의 신념대로
행동하는 건 '나답게 살고 있다'는 실감을 주니까.
　환경을 지키려는 나의 노력이 다른 사람에게 인
상적으로 남는 경우도 있다. "일회용품 쓸 때 정원 씨
가 떠올라요"라는 이야기를 하면서 쓰려던 일회용품
을 안 쓴 적도 있다는 얘기를 듣는다. "내가 아는 사
람 중에도 정원 씨처럼 일회용품을 안 쓰는 사람이
있어요"라는 제보를 듣기도 한다. 건너 건너라도 그
런 사람이 있다는 걸 알게 되면 반갑고 힘이 난다.

　오늘도 나는 페트병을 발로 밟아서 부피를 줄이
고, 라벨을 칼로 자른 후 병을 헹구어 버린다. 외롭다

느껴질 땐 어딘가에서 나처럼 행동하는 사람들이 있음을 떠올린다.

좋은 행동에는 전염성이 있다고 믿는다. 당신이 하는 실천을 보고 누군가도 용기를 내서 시작할 수 있다. 그런 의미에서 일회용품을 쓰지 않는 티는 남들이 보는 데서 내는 게 좋겠다.

눈치 보지 않고
'유난 떠는 사람'이 되기

오래전부터 상반되는 두 마음을 갖고 있었다. 이것저것 따지면 어떻게 사느냐며 대충 살고 싶어 하는 나와, 오염된 환경이 주는 피로감을 온몸으로 느끼며 깨끗한 환경을 되찾기 위해 뭐라도 하는 내가 수시로 자리싸움을 했다. 블로그를 시작한 데에는 숨어 있는 나의 두 마음을 드러내 명확하게 하려는 목적도 있었다.

블로그를 처음 시작했을 때, 쓰레기 문제를 걱정하며 플라스틱을 유별나게 싫어하는 나의 이야기를 과연 어떤 사람들이 보러올지 궁금했다. 친숙하게 다가가기 위해 그림으로도 그려서 게시했지만 대중에

겐 관심 밖의 이야기일 것 같았다. 하지만 블로그 활동 자체가 나한테 도움이 될 거란 확신이 들었기에, 몇 명이 오든 계속 이야기를 올리자고 다짐했다. 아무도 오지 않는 날이 한참 이어지다가, 썰렁하던 블로그에 신기하게도 방문자가 생기고 이웃이 생겼다. 내 이야기에 공감하는 사람이 있다는 사실에 기분이 좋았다.

기억을 되짚어보면 과거에는 쓰레기를 주제로 블로그를 하는 사람이 있을 거라곤 생각지 못했다. 설령 있다 해도 나 못지않게 피곤하게 사는 사람들일 것 같아 알고 싶지 않은 마음이 컸다. 나는 지금 하는 활동만으로도 벅차서 더 얻고 싶은 정보도 없고, 여기서 더 나아가고 싶지도 않았다. 환경을 지키기 위해 불편을 감수하는 이들을 '유난 떠는 사람'으로 비뚤게 바라보는 일부 시선이 의식되었는지도 몰랐다.

환경에 관심 없는 사람들 사이에서 깨끗한 환경에서 살고 싶은 욕구가 강하다는 것을 오랜 시간 부정했던 나는, 블로그를 시작하면서 내 욕구를 조금씩 긍정하게 되었다. 가게에 가서 전보다 스스럼없이 비닐 쓰레기를 만들기 싫다고 말하는 것만 봐도 그렇다. 목소리에 힘도 들어간다. 예전에는 두루뭉술하게 "환경 생각해야죠"라고 말했다면 요즘엔 "비닐 쓰레기 안 만들려고요"라고 콕 집어 표현한다.

준다는 비닐을 거절하기도 하지만, 반대로 내가 물건을 넣어온 비닐을 다시 돌려달라고 말하기도 한다. 예를 들어 수선 맡길 신발을 비닐에 담아서 가게에 가져가면 비닐은 챙겨오는 식이다. 궁색해 보일 거라는 염려 따위는 이제 하지 않는다. 이렇게 해야 훗날 후회가 없을 거라는 확신이 생겼기 때문이다. 그렇게 자연스럽게 내 생각을 말하고 행동할수록 나를 긍정하게 된다.

환경 관련 잡지
탐독하기

내가 애독하는 잡지가 나온 것은 쓰레기 대란이 있기 전인 2018년 2월이다. 이제 막 제로 웨이스트에 관심이 생겨 궁금한 게 많았을 무렵, 마침 잡지 《:쓸》이 세상에 나온 것이다. 텀블벅을 통해 이 잡지를 처음 알게 되었는데, 보자마자 "내가 찾던 잡지야!" 하고 탄성을 질렀다. 자원을 아끼고 쓰레기를 줄일 수 있는 이야기를 담은 잡지가 나왔다니 세상이 변하고 있어서 기뻤다.

《:쓸》이라는 잡지명을 처음 봤을 때 독특한 이름에 담긴 의미가 궁금했다. 영어로는 《:SSSSL》로 표기하는데 'Small, Slow, Sustainable, Social Life'라는 의미가 담겨 있다. 환경 관련 내용을 다루고 있는 잡지답게 비닐이 아닌 종이봉투에 담겨 배송된다.

《:쓸》은 다양한 환경 이슈 가운데 특히 내가 관심이 많은 쓰레기 문제를 중점적으로 다뤄서 마음에 든다. 관련 이슈를 알려주고 친환경 아이템 정보도 소개하며, 다른 사람들이 실천하는 제로 웨이스트 방법도 담고 있다. 제로 웨이스트를 씩씩하게 하는 사람들을 보면 동기 부여가 되고 계속할 힘을 얻는다.

최근에는 잡지를 통해 양말 보관하는 방법을 바꿨다. 짝을 지은 양말을 고무 밴드로 묶어두는데, 밴드는 못 쓰게 된 고무장갑을 잘라서 만든 것이다. 이전부터 고무장갑을 그냥 버리기 아까웠는데 한 번이라도 재사용할 수 있게 되어 좋다.

《:쓸》이 아니어도 제로 웨이스트와 관련된 정보를 얻을 매체는 SNS, 뉴스 등 다양하다. 그럼에도 불구하고 쓰레기를 최소화하는 생활을 담은 이 잡지가 꾸준히 발행되길 바란다. 지속 가능한 소비에 대해 배우고 싶어 하는 사람들에게 정보를 제공해서 쓰레기 줄이기에 쉽게 참여할 수 있도록 도와주는 것은 물론, 환경을 생각하는 사람들에게 하나의 소통 창구 역할을 할 테니까. 쓰레기 줄이기는 이제 우리 삶과 뗄 수 없는 사안이다. 앞으로도 잡지 《:쓸》에서 나올 다양한 이야기와 유익한 정보를 기대한다.

귀찮음을 이겨냈을 때 느끼는
보람 얻기

지난겨울, 대형 마트에 갔다가 세일 중인 면 내복을 보았다. 날이 추워서 난방 온도를 높이는 게 마음 쓰였는데, 저렴한 가격에 살 수 있다니 잘됐다 싶어 계산을 하고 가방에 넣어왔다.

집에 와서 물세탁을 하려고 세숫대야에 내복을 던져넣었다. 그런데 딱딱한 뭔가가 세숫대야에 부딪히며 소리가 나는 게 아닌가. 가격표를 제거하고 던져넣었던 터라 소지품이 딸려 들어간 모양이라고 생각했다. 내복을 들어서 살펴봤는데 웬걸, 마트에서 붙여둔 보안 택이 옷에 그대로 붙어 있었다.

손으로 뗄 수 있을까 싶어 시도해보았는데 낑낑

대며 당겨도 빠지지 않았다. 집에 있는 공구로 힘을 주면 부서질 것 같긴 했지만 망설여졌다. 여러 번 재사용하는 물품일 텐데, 이걸 내가 부수면 마트에서 새것을 장만할 거라는 생각이 들었다. 이 또한 자원 낭비 아닌가. 생각 끝에 귀찮지만 마트에 한 번 더 가서 택을 돌려주었다.

이 일로 플라스틱 하나라도 줄이고 싶어 하는 내 마음이 얼마나 절실한지를 다시 한번 확인했다. 내복은 겨우내 잘 입었다. 보람찬 일을 했다는 뿌듯함에 마음이 괜스레 훈훈했기 때문이었을까, 한 겹 덧입었을 뿐인데도 훨씬 따뜻했다.

반찬 통에
음식 담아가기

김밥집에 가서 김밥 한 줄을 주문하면 보통 김밥
과 나무젓가락을 비닐봉지에 담아준다. 그러면 나는
젓가락도 거절, 비닐봉지도 거절하고 포장된 김밥만
받아서 나온다.

어느 날 김밥을 여러 줄 포장할 일이 있었는데,
한 줄씩 개별 포장을 하니까 알루미늄 포일이 많이
들었다. 이것도 어쩔 수 없는 쓰레기인지 스스로 질
문을 던졌을 때, 아니란 대답이 돌아왔다.

며칠 후에 빈 반찬 통을 들고 가서 김밥을 담아
왔다. 그 후로는 김밥집에 갈 때 가급적이면 반찬 통
을 챙겨간다. 당연하게 여겼던 일에 의문을 던졌기

때문에 가능했던 변화다. 김밥 포장재는 어쩔 수 없이 나오는 쓰레기가 아니라, 안 만들 수 있는 쓰레기였다. 처음이 어렵지, 그다음부터는 쉬워졌다. 먹을 것을 샀는데 쓰레기가 하나도 나오지 않는 홀가분함은 비닐봉지와 젓가락을 거절하는 기쁨에 비할 게 아니었다. 쓰레기를 만들지 않았다는 뿌듯함이 오래 남았다.

이후 떡볶이나 순대를 사러갈 때도 빈 반찬 용기를 가져가서 담아달라고 하는 여유가 생겼다. 통을 가져갔더니 덤으로 더 채워주셨다. 시간이 지나자 죽집, 빵집, 정육점에서도 빈 용기를 내밀었다. 빈 용기에 포장해온 음식은 마치 집에서 만들어 담은 것처럼 보여서 훨씬 먹음직스러웠다. 스테인리스 용기에 담으면 환경 호르몬으로부터도 안심이다.

빵처럼 물기가 없는 먹거리를 구입할 때는 깨끗한 소창*이나 광목 원단으로 된 주머니를 가져가도 좋다. 어느 날, 천 주머니를 내밀고 빵을 사 온 나는

* 이불의 안감이나 기저귓감 따위로 쓰는 피륙.

89

집에 와서 주머니를 열어보고 놀라 입이 벌어졌다. 내가 구입한 빵 외에 다른 빵 하나가 더 들어 있는 게 아닌가! 빵집 사장님이 전에 주머니를 들고 왔던 나를 기억하시면서 "감동했어요. 북극곰이 좋아하겠어요"라고 했는데, 이번엔 내가 감동할 차례인가 보다.

당연하다고 생각되는 포장에 의문을 던져보자. 익숙하게 여겼던 포장에서 낯섦을 느끼자. 이건 어쩔 수 없이 나오는 쓰레기인가? 아니면 안 만들 수 있는 쓰레기인가? 질문에 대답하면서 하나둘 찾아 줄여가다 보면, 실천이 불러오는 홀가분함에 매료될 것이다.

실천을 통해
세상이 응답하도록 만들기

온라인 쇼핑몰에서 물건을 주문할 때면 요청 사항란을 꼭 채운다. 불필요한 이중 포장 혹은 팸플릿을 받지 않겠다는 의사를 표시하기 위해서다.

한번은 어느 건강 보조 식품 사이트에서 영양제를 주문하는데, 여느 사이트와 달리 이곳은 요청 사항을 적는 칸이 없었다. 플라스틱으로 된 휴대용 영양제 케이스를 받지 않겠다고 메모를 남길 참이었던 나는 다른 방법을 찾아야 했다. 번거롭지만 업체에 전화하기로 했다.

수화기 너머로 들리는 상담원의 응대에서 나와 같은 고객이 흔치 않음을 직감했다. 그는 케이스 없이 제품만 보내겠다고 말했지만, 며칠 후 박스를 열어보니 제품과 휴대용 케이스가 같이 있었다. 그걸 보는 순간 한숨이 나왔다. 속상해하는 대신 케이스와 함께 반품 사유를 적은 종이 한 장을 넣어 업체에 다시 보내버렸다.

두 번째 주문 때에는 고객 센터 운영이 끝난 시각이라서 메일로 거절 의사를 표시했다. 하지만 이번에도 휴대용 케이스를 받았다. 업체에서 메일 확인을 하기도 전에 출고가 되어버린 것이다. 달라고 한 적도 없는 사은품을 거절하기 위해 물건을 사는 사람이 수고를 감내해야 하는 상황이 못마땅했다. 사은품을 받을지 안 받을지는 소비자가 정할 수 있어야 하지 않은가?

영양제 회사의 홈페이지 게시판에 이번 일로 겪은 불편, 쓰레기 대란도 벌어진 마당에 플라스틱 사은품을 무조건 제공하는 것을 자제해달라는 글을 올렸다. 휴대용 케이스 수령 여부를 선택할 수 있도록 옵션을 만들어달라는 요청도 덧붙였다.

얼마 후, 그 쇼핑몰에는 실제로 휴대용 케이스 수령 여부를 선택할 수 있는 옵션이 생겼다! 받지 않겠다는 사람이 열 명만 되어도, 그 열 명이 열 번만 주문해도 무려 100개의 플라스틱 케이스가 절약되는 셈이다. 작은 실천이 모여서 큰 결과를 만든다. 그리고 실천하다 보면 세상이 응답한다.

물티슈, 페이퍼 타월 대신
'와입스' 쓰기

요즘에는 "혹시 휴지 있는 사람?"이라는 말보다 "물티슈 있는 사람?"이라는 말을 자주 듣는다. 예전에는 식당에 가면 물수건을 줬는데, 이제는 어디를 가든 일회용 물티슈가 나온다. 수돗물을 구하기 어려운 야외에서 물티슈를 쓴다면 이해가 되지만, 바로 몇 걸음 가면 세면대와 비누가 있는 집에서 물티슈를 쓰는 이유는 왜일까.

예전에는 '한 장쯤이야' 하고 썼지만 이젠 음식점에 가도 테이블에 그대로 두고 나온다. 손이 심하게 더러운 것도 아니고 밥을 손으로 먹을 게 아니니까 괜찮다. 혹시 먹다가 흘리면 휴지로 닦으면 될 뿐이다.

물티슈에 어떤 성분이 들어 있길래 수분을 머금고 있으면서도 오래도록 변질되지 않는지 전부터 궁금했다. 오랜 기간 곰팡이가 피지 않으려면 방부제 역할을 하는 뭔가가 들어 있을 터. 물티슈가 새하얀 겉모습처럼 실제로 깨끗한지 따져볼 일이라고 생각했다.

일회용 물티슈 봉투에 깨알같이 적힌 성분을 읽어 보았더니 정제수 외에 무려 여섯 가지 화학 물질이 들어 있었다. 뭔지 알기도 어려운 성분이었다. 이 물질을 닦아내려고 물티슈를 쓰다가 화학 물질을 손에 묻히는 거라면, 나는 쓰지 않는 쪽을 택하겠다.

내가 잘 쓰지 않는 게 또 있는데, 화장실에 비치된 페이퍼 타월이다. 예전엔 도톰한 게 그냥 버리기 아까워서 사무실에 들고 와 책상의 먼지를 훔친 후 버리곤 했다. 그런데 하루 동안 손 씻고 양치질하고 물컵 씻느라 손에 물 묻힐 일이 여러 번인데, 그때마다 페이퍼 타월을 쓰자니 이건 아니다 싶었다. 그러지 않아도 쓰레기가 넘치는 세상에서 문제를 키울 바에야 덜 쓰고 걱정도 덜 하고 싶었다.

이런 이유로 쓰기 시작한 게 손수건이다. 사무실에서는 화장실에 갈 때 손수건을 들고 간다. 손을 닦고 나면 물기가 마르게 걸어두는데 얇아서 금세 마른다. 이렇게 쓴 손수건은 금요일에 깨끗이 빨아서 책상맡에 널어두고 퇴근한다. 여분의 손수건을 가방에 넣어 다니면서 더운 날이면 땀을 닦고, 비 오는 날엔 옷과 가방에 묻은 빗물을 닦는다.

처음엔 손수건이 얼룩질까 봐 신경이 쓰였는데 막상 써보니 얼룩이 쉽게 생기지 않았다. '매일 쓰는 바람에 금방 낡아서 새로 산다면 환경에 해롭지 않을까?' 하는 생각도 기우였다. 손수건은 그리 쉽게 망가지는 물건이 아니었다. 물론 언젠가 새것으로 바꿀 날도 오겠지만 그동안 아낀 페이퍼 타월과 휴지 양을 따져보면, 오래 두고 계속 쓸 수 있는 손수건이 압도적으로 친환경적이다!

물티슈와 페이퍼 타월을 아끼는 것으로 충분하다고 생각하며 지내던 어느 날, 친환경 제품 사이트를 둘러보다가 '와입스'라는 걸 알게 되었다. 와입스는 성인 손바닥 크기의 작은 손수건이라고 생각하면 되는데 휴지의 대용품이다. 이것을 서너 장 접어서 휴대하면서 쓸 수 있는 주머니도 있었다.

그렇다고 보자마자 이 제품을 구매한 것은 아니었다. 이미 많이 아끼고 있는데, 휴지까지 안 쓸 필요가 있을까 싶은 마음이었다. 그런데 이걸 썼을 때 아낄 수 있는 휴지가 얼마나 될지 상상하니 시도해보고 싶어졌다. 아끼는 보람의 총량을 더 늘리고 싶어졌다. 직접 와이프스를 써보니까 촉감이 좋고 세탁하면 건조도 잘 되며 궁극적으로 휴지 사용이 줄었다.

그즈음 내가 바꾼 게 또 있다. 화장을 지울 때 일회용 솜 대신 다회용 화장 솜을 쓴다. 대나무에서 추출한 섬유로 만들어진 제품인데, 세탁 후 재사용이 가능하다. 기존에 사용하던 일회용 솜보다 감촉이 좋고 피부 자극도 적다. 이걸 써본 후로는 일반 화장 솜을 구입하지 않는다. 환경에도 유익하고, 사용감도 좋아서 선물하기 좋은 아이템이다. 포털 사이트에 검색해보시길.

휴대용 개인 빨대에
익숙해지기

가끔 쓰게 되는 테이크아웃 컵의 경우엔 집에 가져와 다른 용도로 재사용한다. 하지만 커피숍에서 쓴 일회용 빨대는 쓸 일이 정말 없다. 크기가 작아서 환경에 미치는 영향이 적을 거라 생각하고 썼던 빨대조차 쌓아놓고 보니 무시할 게 아니란 생각이 들었다. 곧장 인터넷을 켜고 쇼핑몰 장바구니에 넣어둔 스테인리스 빨대를 주문했다.

며칠을 기다리자 택배가 도착했다. 열어보니 파우치와 여러 가지 모양의 빨대들, 세척 솔이 한 세트로 되어 있었다. 빨대와 세척 솔을 세척하는데 콧노래가 절로 났다. 앞으로 스테인리스 빨대만 써야겠다고 마음먹었다.

그런데 스테인리스 빨대를 챙겨 갔음에도 불구하고 플라스틱 빨대를 쓰게 될 때가 있다. 이건 매장마다 빨대를 서비스하는 방법이 달라서다. 가게 내에서 응대하는 직원마다 다른 경우도 있다.

빨대는 안 주셔도 된다고 분명히 말했는데, 과일을 갈아 넣은 음료라 뻑뻑해서 혹시 모른다며 빨대를 챙겨주는 경우가 있었다. 나는 굵은 스테인리스 빨대를 가져갔던 터라 일회용 빨대를 다시 돌려드렸다.

어느 날엔 자주 가던 커피숍에 사장님 대신 아르바이트생이 있었다. 사장님은 보통 때 빨대가 필요하면 챙겨가라고 안내해줬던 터라, 빨대 거절을 따로 하지 않았더니 만들어진 음료에 빨대가 꽂혀 있었다. 또 다른 곳에서는 "빨대는 안 주셔도 돼요"라는 내 말에 알겠다고 대답해놓고도 빨대를 꽂아주었다. 깜빡 잊은 듯했다.

빨대 서비스는 도무지 예측할 수가 없다. "개인 빨대 있으니까 빨대 안 주셔도 돼요"라고 정확하게 말했음에도 불구하고 이러한 경우를 겪다 보니, 이제는 픽업하는 곳에 미리 가서 기다리곤 한다. 개인 빨대를 쓰는 것도 쉽지 않다니, 이거 묘하다.

음료수에 빨대를 붙여서 파는 것 역시 소비자의 선택권을 뺏는 것이 아닐까 싶다. 플라스틱에 담긴 음료 대신 종이팩에 담긴 음료를 종종 구입하는데, 빨대가 붙어 있는 제품을 빼면 선택의 폭이 적어진다. 빨대가 필요하지 않은 사람도 있고 나처럼 일부러 안 쓰려고 하는 사람도 있을 텐데, 붙어 있으니까 원치 않는 사람까지 쓰게끔 되어버린다. 필요한 사람은 따로 비치된 빨대를 챙겨가면 되는 거 아닌가. 쓰레기 문제가 심각한데, 여전히 빨대는 대수롭지 않게 여겨지는 듯하다.

2019년까지 일회용 플라스틱 빨대는 〈자원 절약 및 재활용 촉진에 관한 법률〉, 일명 '자원재활용법'상 일회용품에 포함되지 않아서 사용 억제나 무상 제공 금지 대상이 아니었다. 그래서인지 환경부 자료에 따르면 연간 사용량이 20억 개가 넘을 만큼 남용되었다.
최근 이 문제를 개선하고자 하는 정부의 계획이

발표되었고, 2022년부터는 빨대 사용이 전면 금지된다고 한다. 플라스틱을 줄이는 데 큰 도움이 될 것 같다. 빨대 없이 마시거나 다회용 빨대 사용에 익숙해져야 할 날이 다가오고 있다.

종이팩은
폐지와 분리해서 버리기

종이팩에 담긴 주스를 마시고 나서 쓰레기통에 버리려고 한다. 어디에 분리해서 배출하면 될까?

① 종이류
② 캔·플라스틱·병류
③ 일반 쓰레기

종이팩은 멸균 우유, 주스 등의 식품 판매에 쓰이는 포장재인데, 재활용 과정이 일반 종이와 다르다. 내용물이 상하거나 밖으로 새어 나오는 것을 막기 위해서 내지가 코팅되어 있기 때문이다. 종이팩은 100

퍼센트 재활용이 가능한 자원이고, 이런 이유에서 폐지와는 별도로 배출해야 한다.

그런데 '종이'라는 인식 때문에 폐지와 섞어서 버리는 경우가 많다. 이렇게 하면 종이팩이 재활용되지 않을 뿐 아니라 일반 폐지의 재활용까지 방해한다. 종이팩을 버릴 때는 빨대를 제거하고 안을 깨끗이 헹군 뒤 접어서 배출한다. 따라서 위 문제의 정답은 ②번, 즉 캔이나 병 같은 재활용 분류 파트에 넣어야 한다.

먹는 음료를 담는 종이팩은 안전을 위해 불순물 없는 100퍼센트 새 펄프로 만들어진다. 우리나라는 이 최고급 펄프 전량을 수입에 의존하고 있기에, 종이팩을 제대로 분리해 배출하면 외화를 절약할 수 있다.

《환경일보》의 보도 자료에 따르면, 종이팩은 분리배출만 잘하면 활용도가 높아 100퍼센트 재활용했을 경우 연간 650억 원의 수입 대체 효과를 거두며 20년생 나무 130만 그루를 살릴 수 있다고 한다. 지자체에서 오래전부터 종이팩 재활용률을 높이기 위해 종이팩 1킬로그램을 가져오면 휴지로 바꿔주는 사업을 해온 것도 이런 이유 때문이다.

길을 다니다 보면 일반 쓰레기통에 종이팩이 버려진 것이 심심찮게 눈에 띈다. 고운 재생 휴지로 다시 태어날 수 있는 최고급 펄프가 아깝게도 그냥 버려진 것이다. 재활용이 잘 되는 소재임에도 불구하고 70퍼센트 가까운 양이 매립 또는 소각되는 게 현실이다. 외화는 외화대로 낭비되고, 귀한 나무도 그만큼 버려지는 것이다.

주말이면 자연을 만나고 싶어 수목원과 같은 푸르른 숲을 찾는 사람이 많다. 사람은 나무가 주는 편안함과 휴식을 좋아하고 그것을 필요로 한다는 의미이다. 우리 땅에 심어진 나무뿐만 아니라 해외에서 자라는 나무 역시 우리가 마실 산소를 제공하고 지구 온도를 낮추는 중요한 역할을 한다. 나무 한 그루를 귀하게 여긴다면 귀한 펄프로 만들어진 종이팩을 재활용하는 데 관심을 갖자. 숲을 지키는 건 이렇게 간단한 일에서부터 출발한다.

업사이클링 제품
사용하기

발이 편한 신발을 선호해서 신발은 주로 가죽으로 만든 것을 신기는 하지만, 희생되는 동물이 떠올라서 가죽 제품을 구입하는 게 마음이 편치 않았다.

어느 날 지갑을 교체해야 할 때가 되었는데 혹시나 싶어 친환경 지갑을 검색했더니 실제로 관련된 브랜드가 있었다. 동물 가죽을 사용하지 않고 식물성 소재인 코르크로 제품을 만드는 '코르코CORCO'라는 브랜드였다. 50년간 성장한 코르크나무의 껍질만을 10년에 한 번씩 채취해서 원단으로 가공한단다. 벌목을 하지 않기 때문에 환경에 이롭고 지속 가능하다.

일반 지갑에는 카드 몇 장, 동전 몇 개만 넣어도

무거웠는데, 코르크 지갑은 소재 자체가 가벼워서 일반 지갑보다 무게가 적게 나간다. 나무 무늬와 색이 살아 있고, 촉감도 부드럽다. 원료가 나무껍질인 만큼 물이 닿아도 잘 말라서 비누와 물로 세척할 수 있다. 세척 전과 후를 각각 사진으로 찍어 비교해봤는데 깨끗해진 것이 확연히 보였다.

카메다 준이치로는 자신의 책 《부자들은 왜 장지갑을 쓸까》에서 저렴한 지갑 대신 좋은 지갑을 쓰는 게 좋다고 했다. 그의 말이 맞는 것 같다. 좋은 지갑의 기준을 아껴줄 만한 가치에 두고 본다면 코르크 지갑은 내게 어떤 것보다 훌륭한 지갑이다. 살면서 몇 개의 지갑이 내 손을 거쳐 갔지만, 코르크 지갑을 어떤 지갑보다 소중하게 다룬다.

언젠가 방탄소년단 리더 RM이 메고 있던 백팩이 화제가 된 적이 있었다. 자동차 시트로 만든 업사이클링Up-cycling 제품이라는 게 알려지면서 개념 있는 착한 소비라는 호평이 잇따랐다. 우리말로 '새활용'이라고 하는 업사이클링은 버려지는 물건을 새로운 물건으로 재탄생시키는 것을 말한다. 네티즌들의 관심을 모은

이 가방을 만든 곳은 사회적 기업 '컨티뉴Continew'다.

또 지하철을 타고 다니다 보면, 스위스 업사이클링 브랜드 '프라이탁FREITAG'에서 만든 가방을 멘 사람을 종종 볼 수 있다. 프라이탁은 트럭의 방수 천, 자동차의 안전벨트를 활용해 가방을 만든다. 수십만 원이나 하는 이 가방에 사람들이 기꺼이 돈을 지불하는 이유는, 세상에 단 하나뿐인 디자인이라는 만족감을 얻으면서 가치 소비를 통해 세상에 자신의 신념을 표현할 수 있기 때문일 것이다.

국내에도 '에코파티메아리'를 비롯한 업사이클 브랜드들이 있지만 이들은 판매처 부족, 재료 수급의 어려움으로 종종 제작에 난항을 겪는다고 한다. 환경 윤리적 가치를 담으려는 노력이 지속될 수 있도록 정부 차원에서도 지원을 늘려야 한다는 목소리가 나온다.

지갑, 가방, 생활 소품 등이 필요할 때 비슷한 가격과 품질이라면 업사이클링 제품을 구입해보는 걸 추천한다. 자원을 절약하고 깨끗한 환경에도 기여하는, 의미 있는 소비가 될 것이다.

요즘 대세,
천연 수세미 권유하기

아크릴 수세미로 설거지를 하면 미세 플라스틱이 나온다는 사실을 알게 되었는데, 집에서 쓰고 있던 알록달록 포도 모양 수세미 역시 아크릴이었다. 그동안 써온 게 내심 찜찜했지만 이미 산 걸 버리자니 아까웠다. 앞으로는 사지 않기로 하고 그냥 사용했는데, 어느 날 설거지 하고 난 물에 수세미 조각이 둥둥 떠 있는 걸 두 눈으로 똑똑히 보고는 미련없이 쓰레기통에 버렸다.

어떤 수세미로 바꿔야 좋을지 고민하던 차에, 이웃 블로그를 통해 '천연 수세미'의 존재를 발견했다.

수세미라는 식물이 있다는 건 알았지만, 수세미 열매가 설거지하는 데 쓰는 그 수세미인 줄은 몰랐다. 잘 익은 수세미를 삶아서 껍질을 벗기고 씨앗을 털어내면 천연 수세미가 완성된다고.

감사하게도 이웃분이 텃밭에서 기른 수세미를 나누고 싶다며 직접 손질까지 한 천연 수세미를 보내주었다. 첫인상이 지금도 생생하다. '생김도 그렇고 질김도 어쩜 이렇게 수세미로 쓰기 딱 좋을까' 생각하며 감탄했다. 자연이 만든 작은 조형물 같았다. 조상들이 써오던 이 좋은 것이 어쩌다 우리 생활에서 사라졌는지는 모르겠지만, 이제 재조명을 받을 시기가 온 듯했다. 손수 키우고 손질한 수세미이기에 의미가 더 남달랐다.

설레는 마음으로 개시를 해봤다. 원래는 상당히 뻣뻣했는데, 물에 적시니 적당히 부드러워졌다. 무엇보다 미세 플라스틱 걱정에서 자유로운 게 정말 좋았다. 이외에도 일반 수세미와 비교했을 때 특장점이 있었다. 공산품 수세미는 세제가 수세미에 흡수되는 탓에 거품이 적게 나서 세제를 한두 번 더 쓰게 되는

데, 천연 수세미는 달랐다. 세제를 묻히면 정직하게 다 뿜어냈다. 그릇을 헹굴 때면 수세미와 그릇이 닿으며 뽀득뽀득 소리가 났다. 그 정도로 잘 씻기고, 사용 후에도 물기가 잘 말라서 위생적이기까지 했다.

사용 빈도에 따라 다른데, 몇 주 혹은 몇 달 사용하고 나면 '이제 버려도 되겠다' 싶은 순간이 온다. 쓰레기통에 버리는데 얼마나 마음이 편하던지! 흙에서 온 것이 흙으로 돌아간다. 이거야말로 100퍼센트 생분해 수세미다. 천연 수세미를 쓰고 나서부터는 다른 건 쓰지를 못하겠다. 굳이 플라스틱 수세미를 쓸 이유도 없거니와 기능 면에서도 이만큼 만족스러운 것이 없다. 시장이나 마트에서는 천연 수세미를 구할 수 없어서 온라인으로 검색해보니 판매하는 곳이 몇 군데 있었다. 포장 없이 발송해주는 업체를 골라서 꾸준히 이용하고 있다.

넉넉하게 구입해 지인에게도 선물했는데 호평 일색이었다. 내가 준 것을 이웃과 나눠서 썼는데 그분도 좋아해서 공동 구매할 생각이라며 어디서 살 수 있는지 알려달란다. 뜻밖의 뜨거운 호응에 기분이 좋았다. 그렇게 시작된 나눔이 점차 퍼져나갔다. 처음에는 시큰둥하던 엄마도 써보고는 뽀득뽀득 잘 씻겨서 정말 좋다고 했다.

좋은 걸 나누고 싶어 했던 블로그 이웃의 마음을 잘 알 것 같다. 천연 수세미가 얼마나 좋은지 더 널리 퍼트리고 싶은 심정이다.

대나무 칫솔
사용해보기

'플라스틱을 가급적 쓰지 말아야겠다'고 마음먹은 후로 대안을 찾아보던 중 칫솔이 눈에 밟혔다. 모 부분이 닳았을 뿐 몸체는 멀쩡한 칫솔을 두세 달에 한 번씩 버리게 되니, 대체할 무언가를 찾으면 꽤 많은 플라스틱 쓰레기를 줄일 수 있을 것 같았다. 칫솔모와 몸체의 재질이 달라 재활용은 안 되고, 그렇다고 그냥 버리기엔 아까워 청소용으로 쓰곤 했다. 그렇게 모인 칫솔이 열 개는 족히 넘었다.

하지만 이제는 그 고민에서 해방되었다. 몇 해 전부터 대나무 칫솔을 쓰고 있기 때문이다. 솔 부분은 기존 칫솔과 같은데 몸통이 대나무다. 이가 잘 닦이는지 한번 써보자는 마음으로 온라인 구매를 해봤는데, 일반 칫솔과 기능 면에서 차이가 없었다.

플라스틱 칫솔 대신 대나무 칫솔을 쓰는 게 환경에 좋은 건지 의문이 들 수 있다. 사실 나도 그랬다. '대나무 칫솔 소비가 늘면 대나무를 많이 베어내게 될 텐데 환경에 괜찮을까?' '많고 많은 나무 중에 왜 대나무지?'

인터넷과 책으로 대나무의 특성을 알아보고 나서야 이해가 되었다. 하루에 1미터씩 자라기도 할 정도로 성장 속도가 빠르고, 화학 비료와 살충제가 거의 필요 없으며 내구성도 좋다. 칫솔로 만들기에 이보다 더 좋은 조건이 있을까 싶다. 알고 나니 안심하고 대나무 칫솔을 쓸 수 있게 되었다.

대나무 칫솔을 판매하는 쇼핑몰에는 "플라스틱 칫솔보다 나은 것 같다" "일반 칫솔과 비교해도 사용감이나 성능이 비슷하다" "아이도 거부감 없이 잘 쓴다" 등 긍정적인 후기가 올라온다. 현재는 주로 온라인으로 판매되고 있지만 언젠가는 가까운 마트에서도 대나무 칫솔을 만날 수 있으면 좋겠다. 그러려면 많은 사람에게 알려져서 수요가 늘어야 할 것이다. 칫솔을 교체할 때마다 아깝다 생각한 적이 있다면 대나무 칫솔을 써보자. 선물하기에도 좋은 친환경 제품이다.

비닐 대신
'비즈 랩'으로 포장하기

식품 매장에서는 투명 비닐 사용이 제한되었지만, 여전히 채소나 과일을 비롯한 음식을 담을 때 많이 사용한다. 물로 헹궈 다시 쓸 수도 있지만, 대개 한 번 사용하고 나면 재사용하지 않는다. 나는 가급적이면 그릇이나 반찬 통을 이용했지만, 비닐을 아예 안 쓰진 못했다.

그러다가 블로그 이웃들을 통해 대체품을 발견했는데, 바로 '비즈 랩'이라고 하는 식품 포장용 랩이다. 밀랍, 송진, 코코넛 오일 같은 천연 재료를 순면에 도포한 제품으로, 접착력이 있어 식기를 덮는 뚜껑

대용으로 쓸 수도 있고, 채소나 과일을 감싸서 냉장고에 보관할 수도 있다. 처음에는 비닐을 대체할 수 있을지 의구심이 들었던 게 사실이다. 밀랍이나 송진과 같은 성분도 낯설어 일단 구입을 보류했다.

이후 부엌에서 롤 비닐을 쓸 때마다 비즈 랩 생각이 났다. 알고 보니 비닐 대신 이걸 쓰는 사람들이 제법 많았다. 괜찮으니 쓰는 거겠지 싶어 한번 써보기로 했다. 온라인으로 주문하고 택배를 받았는데 포장에 에어 캡이나 비닐 테이프가 전혀 사용되지 않았다. 역시, 제품 취지에 맞게 포장도 친환경이었다.

비즈 랩은 생각 이상으로 마음에 들었다. 접시 위에 뚜껑처럼 덮어봤는데 어찌나 차지게 잘 붙는지! 요리하다 남은 파, 당근, 양파, 브로콜리 같은 채소도 비즈 랩으로 감싸서 냉장고에 보관하니 유용했다. 반찬 통보다 공간도 덜 차지했다.

랩이 살짝 물러질 수 있으니 직사광선이나 고온을 피하고, 포장한 식품은 냉동 또는 냉장하는 게 좋다고 한다. 사용했던 것을 세척하면 6개월 이상 재사용이 가능하다.

비즈 랩을 알게 된 뒤로는 부엌에서 롤 비닐을 쓰지 않게 되었다. 비즈 랩, 잘만 이용하면 정말 활용도 높은 아이템이다.

종이 완충재 사용을
환영하기

처음 종이 완충재를 봤을 때가 생생하게 기억난다. 택배 상자를 열었는데 특이하게 생긴 뭔가가 들어 있는 것이었다. 처음엔 물건이 잘못 왔나 싶어 조금 놀랐는데 에어 캡이 없는 걸 확인하고 나서야 완충재란 걸 알게 되었다.

꺼내서 잡아당겨 보니 쭉 늘어나고 마치 과일 싸는 스티로폼처럼 일정한 간격으로 구멍이 나 있었다. 펼쳐보니까 그냥 평평한 종이다. 종이 한 장에 일정하게 칼집을 내서 볼륨을 살린 거였다. 완충재에 싸여 온 유리병 제품도 온전했다. 비닐이어야만 완충 역할을 하는 줄 알았는데 종이도 가능했다.

인터넷에 검색해보니까 페이퍼 랩, 종이 택배 포장재라는 이름으로 판매도 되고 있었다. 신기한 마음에 완충재를 버리지 않고 보관해두었다. 그 후로도 택배 상자에서 종이 완충재를 몇 번 봤다. 변화의 바람이 불고 있는 게 확실했다.

쓰레기 대란이 일어났을 때 드디어 올 것이 왔다고 생각했다. 수백 년간 썩지 않는 플라스틱 쓰레기가 눈에 보이는 커다란 위협이 되기 시작했다. 걱정스런 마음은 시간이 지나면서 차라리 잘 되었다는 생각으로 바뀌었다. 대란 덕분에 그 많은 플라스틱 쓰레기를 재활용하기가 어렵다는 것이 널리 알려졌고, 지금처럼 무분별하게 일회용품을 쓰면 어떤 일이 벌어질지 상상해보는 계기를 마련해주었으니 말이다. 무엇보다 정부가 대응에 나섰고 기업도 이에 발맞추기 시작했으니까.

그동안 포장재 외에도 적지 않은 변화가 있었다. 비닐 쇼핑백 대신 종이 쇼핑백이 도입됐고, 커피 전문점에는 플라스틱 빨대 대신 종이 빨대가 등장했다. 종이는 플라스틱에 비해 재활용이 용이하고 상대적

으로 유해성이 적어 대안으로 떠오르고 있다. 우리의
일상을 서서히 바꾸는 이러한 변화들이 반갑고, 앞으
로 더 다양한 연구와 시도가 있기를 기대한다.

쓰레기가 적게 나오는
선물하기

소중한 사람에게 선물로 마음을 표현하고 싶은
때가 있다. 상대의 취향에 맞는 물건을 골랐다고 해
도 가격이나 부피 등 고려할 것이 많다. 나 같은 경우
엔 여기에 고려 사항 하나가 추가된다. 친환경 여부
다. 불필요한 포장이 적고, 다 쓴 후에도 쓰레기가 적
게 나오는 물건을 선물하고 싶기 때문이다.

이렇다 보니 선물하기가 어렵다. 포장을 최소화
하는 것도 한계가 있기 때문이다. 정성은 표현하고
싶은데 이거다 싶은 게 떠오르지 않을 때는 고민 끝
에 '그래, 돈이 좋지'라며 현금성 선물을 건넨다. 때로
는 이런 선물이 실용적이라고 생각한다. 나 역시 상

품권을 받으면 선물해준 사람을 떠올리며 고마운 마음으로 쓰니까.

커피 교환권도 즐겨 하는 선물이다. 커피숍은 누구나 종종 이용하니 받는 사람도 대체로 좋아한다. 이모티콘과 음악 이용권도 개인적으로 선호하는 아이템이다. 때론 실물이 존재하는 선물 대신 이런 스마트한 선물을 하는 것도 마음을 전하는 좋은 방법인 것 같다.

무엇을 줄지 고민하는 건 어쩌면 나보다 내 지인들이 더 많이 하는지도 모르겠다. 환경을 생각하는 사람으로 주변에 알려지다 보니 선물하기 쉽지 않은 사람이 되어버렸다.

어느 날 친한 동생이 자기가 라디오에 보낸 사연이 소개되었다면서 방송을 공유해줬다. 퇴사하는 나에게 줄 선물을 고민하다가 라디오에 고민 사연을 보냈단다. 미니멀리스트인데다 쓰레기 문제에 관심이 많은 나에게 적당한 선물을 주고 싶은데 고르기가 어려웠다고. 그녀의 행동이 괜스레 미안하기도 하면서 무엇보다 나를 이해하고 생각해준 것에 많이 감동했다. 감동은 거기서 끝이 아니었다. 그녀의 사연이 채택된 덕분에 우리 둘은 즐겁게 외식을 했다. 외식 상품권으로 누린 즐거운 식사는 오래도록 기억에 남을 '제로 웨이스트' 선물이었다.

4.

나를 위해
'환경' 하다

북극곰과 함께 살
방법 찾기

몇 년 전만 해도 나는 나보다 북극곰을 걱정하는 사람이었다. 빙하가 녹아 북극곰이 생존의 위협을 받고 있다는 소식을 뉴스나 다큐멘터리에서 접하면 마음이 아팠다. 하지만 해가 갈수록 강, 바다, 공기, 계절이 예전 같지 않음을 실감하면서 생각이 변했다. 북극곰도 힘들겠지만 이젠 나도 힘들다.

난 지구를 위해서 희생하는 게 아니다. 물병을 가지고 다니고 비닐봉지를 거절하는 건 마셔도 되는 물과 공기, 건강을 유지하는 데 무리가 없는 적당한 기후를 앞으로도 누리고 싶기 때문이다. 지구를 지킨다는 거창한 생각이었다면 오래가지 못했을 것이다.

플러그를 빼두고 수도꼭지를 잘 잠그는 건, 위험한 핵 발전소가 줄어들기를 바라기 때문이다. 세금이 불필요한 물 정화에 쓰이는 대신 사회 안전망 구축과 같이 꼭 필요한 곳에 쓰이길 원하기 때문이다. 보다 괜찮은 사회에서 살고 싶어서 하는 것이다.

20년 후 식량이 지금처럼 풍족하지 않을까 봐 걱정된다. 아니, 당장 이번에 찾아올 여름은 얼마나 더울지 걱정이다. 지난여름 흐르는 땀을 닦아내며 버틸 만큼 버티다가, 일단 나부터 살자며 에어컨을 켰다. 숨이 턱턱 막히도록 더우니 북극곰이고 지구고 걱정할 겨를이 없었다. 환경을 지키는 건 모두 지구를 위해서라는 자비심 뚝뚝 떨어지는 말이 이젠 입 밖으로 쉽게 나오지 않는다.

안 그래도 바쁜 일상을 살고 있는데, 당장 큰 위험이 있지도 않은데 불편함을 감수할 사람이 얼마나 될까. 하지만 미세먼지에 고통받고 이상 기후를 힘들게 견디면서 몸으로 느낀다. 우리가 일으킨 환경 문제가 우리에게 고통으로 되돌아오고 있다는 것을.

비닐 쓰레기 줄이며
몸무게도 줄여보기

어느 날 분리수거를 하다가 멈칫했다.

'먹고 남은 포장지, 이것도 다 비닐이잖아? 물건을 담는 비닐에는 손잡이가 있고 포장지에는 없을 뿐이지 플라스틱인 건 마찬가지네. 나 역시 비닐을 쓰고 있었네?'

황당한 마음을 추스르며 과연 내가 비닐 쓰레기를 얼마나 만들고 있는지 헤아려봤다. 쓰레기는 수시로 버리니 파악을 하기 위해선 기록을 하는 게 좋을 것 같았다. 비닐 쓰레기가 나올 때마다 사진을 찍는 방법을 생각했다. 그러면 내가 어디에서 비닐을 많이 쓰는지 알 수 있고, 비닐을 적게 쓰는 방법도 찾을 수 있을 것 같았다. 단, 내가 직접 소비한 것에서 나온 비닐만 촬영하기로 했다.

다음날 점심 시간에 후식으로 아이스크림을 먹은 뒤 버리기 전에 사진을 찍었다. 오후에는 바나나를 먹었다. 이것도 찰칵. 그렇게 수시로 핸드폰에 사진을 담으며 그동안 비닐을 많이 써왔다는 걸 새삼 알게 되었다. 사진을 찍지 않는 날이 없었기 때문이었다. 먹으려다가 카메라를 켜는 게 귀찮아서 안 먹기도 했다.

기록을 시작한 지 어느덧 120일째가 되었다. 그동안 모은 비닐 쓰레기 사진을 찬찬히 살펴보았다. 야채즙 봉지, 과일 담은 비닐, 과자 봉지……. 미세먼지 마스크 비닐도 여러 장 나왔다.

4개월 간 혼자 이 프로젝트를 하면서 뭔가를 구입할 때마다 정말 사야 하는지 한 번 더 생각하게 됐다. 그러다 보니 쓰레기도 평소보다 덜 만들게 되었다. 게다가 다이어트 전문가들이 권하는 식단 조절 방법 중

먹은 것을 모두 기록하는 '식사 일기' 쓰기가 있는데, 사진을 찍는 행동이 식사 일기를 쓰는 것과 같은 효과가 있었다. 무심코 먹고 나면 나중에 잘 기억나지 않는데, 음식이 담겨 있던 포장지를 사진으로 남기다 보니까 이미 충분히 먹었음을 의식하게 되었다. 비닐 사진 찍기가 식사량을 조절하는 데 도움이 될 줄은 몰랐다. 일석이조의 효과를 얻은, 기억에 남고 유익한 시간이었다.

기후 변화 대신
'기후 위기'라 표현하기

미국에서 해수면 상승에 가장 민감한 지역인 플로리다주에는 '맑은 날의 홍수'가 찾아오기도 한다. 화창한 날씨에 갑자기 도로가 침수되는 것이다. 이에 따라 마이애미는 건물에 배수펌프를 설치하고 방파제를 만드는 등 침수 대비에 수억 달러를 들이고 있다.

알래스카 최북단의 작은 시골 마을 칵토빅에서는 불과 5년 전만 해도 비행기가 떴던 활주로가 물에 잠기는 일이 종종 벌어진다. 북극의 빙하가 녹아 해수면이 높아지면서 이런 문제가 발생하는 것이다.

세계 인구의 30퍼센트인 24억 명이 해안 지대에

거주하며, 대도시의 상당수가 해안 지대에 있다. 오바마 전 대통령은 사람이 살 땅이 줄어들면서 자원 부족과 경쟁이 치열해질 미래를 안보의 차원에서 언급하기도 했다.

옥수수 전분으로 만든 빨대, 로브스터나 게 껍데기로 만든 비닐봉지 등 친환경 플라스틱 시장 규모가 커지고 있다는 뉴스를 봤다. 굉장히 반가운 소식이지만, 더 급한 건 기후 위기 대응이다. 지구의 온도가 높아지는 것을 막고 육지와 바다 생태계를 정상적으로 회복해야만 우리가 먹을 식량 생산도, 생분해 플라스틱 생산도 가능해진다. 탄소 발생으로 야기된 당장의 기후 위기를 막아야 더 먼 미래를 준비하는 행동들이 의미를 가질 테니까.

세계 최대 밀 수출국 중 하나였던 호주가 밀을 대량 수입한다는 뉴스를 봐도 그렇다. 최악의 가뭄 때문에 벌어진 일이다. 그즈음 있었던 호주의 총선은 '기후 위기 총선'으로 불렸을 만큼 지구 온난화가 최대 이슈였다고 한다.

국제 사회에서 '기후 변화Climate change' 대신 '기후 위기Climate crisis'라는 용어를 사용해야 한다는 목소리가 높아지고 있다. 인류가 직면한 위험성을 정확하게 표현해야 한다는 취지다. 영국 일간지《가디언》은 기후 위기 외에도 '기후 비상사태Emergency', '기후 실패Breakdown' 등의 표현을 사용하겠다고 발표했다. '지구 온난화Global warming' 역시 다른 표현으로 대체해야 한다는 의견이 나온다. 천천히 데워지고 있다는 'warming' 대신 뜨겁게 끓어오르고 있다는 'heating'을 쓰자는 것이다.

기후는 환경 운동가들만의 이슈가 아니다. 경제 문제이자, 인류 생존의 문제다. 국제 통화 기금IMF 총재가 환경 문제에 집중해야 경제 안정을 이룰 수 있다고 말한 데는 이유가 있다. 프랑스에서는 2019년 폭염으로 1,500명이 사망했다. 인도네시아 정부는 수도 자카르타가 빠른 속도로 바다에 가라앉고 있어 수도 이전을 계획하고 있다. 언어는 생각에 영향을 미치고 생각은 행동에 영향을 준다. 지금 세계는 기후 위기다.

음식 배달의
번거로움 깨닫기

코로나 사태 이후로 사람들이 집밥을 선호하게 되었다지만, 들여다보면 만들어진 음식을 사서 조리해 먹는 경우가 많다. 요즘은 반찬 가게의 음식이나 레토르트 식품이 워낙 잘 나오다 보니, 일회용기에 포장된 음식을 사서 집에서 먹는 경우도 많다.

나 역시 종종 새로 나오는 즉석식품을 먹어보고 놀라곤 한다. 가성비가 좋은 제품도 많고 먹기 간편하다. 환경에 주는 영향이 얼마나 차이 나는지 모르겠지만, 내 경우 딱딱한 플라스틱 용기에 담긴 제품보다는 얇은 비닐에 포장된 제품을 살 때 죄책감이 덜 느껴져서 그쪽에 손이 간다. 제로 웨이스트를 지

향하면서도 소비에서 자유롭지 못함을 느낀다.

　대한민국에서는 '집콕'을 한다 해도 못 먹을 음식이 없다. 별별 음식을 다 배달시켜 먹을 수 있기 때문이다. 팥빙수도 배달되고, 빵도 배달되는 나라다. SBS 뉴스 기사를 읽어보니 코로나 이후 한 배달 앱을 통해서 발생한 주문량이 사흘간 493만 건에 이를 정도라고 한다. 그로 인해 버려지는 일회용 용기는 매일 수백만 개 이상일 것이다. 사람이 많은 장소를 꺼리게 되면서 포장이나 배달 음식 소비는 더 늘었다.

　배달을 시킬 때마다 딸려오는 일회용 식기는 누굴 주기도 애매하고 어디 기증할 수도 없어서, 받아놓으면 자리만 차지하고 처리하기 곤란하다. 숟가락, 젓가락이 있기 마련인 가정집에 배달을 하면서 일회용 젓가락이나 숟가락을 묻지 않고 주는 것을 서비스 차원이라고 치자. 만약 일회용품 가격이 비쌌다면 과연 그렇게 챙겨줬을까? 주는 사람도 받는 사람도 필요 여부를 구태여 말하지 않는 건 싸도 너무 싸기 때문일 것이다.

　어느 유명한 배달 앱에서는 일회용 식기를 받을

지 말지를 선택할 수 있다. 혹시 사용하는 배달 앱에 일회용품 수령 선택 옵션이 없다면 업체에 만들어 달라고 요청하자. 쓰레기 대란도 일어났는데 쓰레기를 적게 만들고 싶다고 이야기하자. 공익을 위한 요청인데 들어주지 않겠는가. 배달하는 쪽에선 불필요한 비용을 절약해서 좋고, 시켜 먹는 쪽에서는 필요 없는 물건이 쌓이지 않으니 일석이조다.

내 경우엔 특별한 날 가족과 피자나 치킨을 먹는 게 거의 전부인데, 음식 하나만 시켜도 일회용품과 사이드 반찬들이 낱개로 플라스틱에 담겨온다. 마음이 불편한 게 싫어서 배달을 꺼리다 보니까 시켜 먹을 생각 자체를 않게 되었다. 음식 배달은 나에게 있어 '간편'이 아니라 '번거로움'이다.

미세먼지 심한 날
냉장고 비우기

날이 포근해지고 공기가 정체되면 미세먼지 때문에 힘이 든다. 이건 아무리 봐도 사람이 마실 수 없는 공기이지만, 어쩔 수 없이 세수를 하고 출근을 한다. 외출을 자제하라는 긴급 재난 문자를 보며 이상과 현실의 괴리를 느낀다. 입에서 먼지 맛이 난다.

이렇게 미세먼지 농도가 짙은 날은 요리를 해도 환기를 못 시킨다는 이유로 배달 음식을 먹는 사람이 많다. 또 외출을 삼가라고 하니 온라인 쇼핑몰로 물건을 산다. 안 그래도 많은 쓰레기가 더 늘어나며 악순환에 빠진다.

오늘도 나는 내가 할 수 있는 예방을 한다. 외식하기 꺼려지는 이런 날, 냉장고를 털어보기로 한다. 구석구석 남은 재료를 모아 그럴싸한 요리 하나를 만들어본다. 냉장고의 4분의 1 정도는 비워두는 것이 냉장 효율을 최대화하는 방법이라고 하니 겸사겸사 냉장고 정리도 하는 셈이다.

환경 문제가 정부의 힘만으로 해결하기 어렵다는 걸 우리는 알고 있다. 정부가 할 수 있는 영역이 있으나, 정부가 해줄 수 없는 영역 역시 분명히 존재한다. 깨끗한 환경에서 살기 위해서는 각자의 몫이란 게 있다. 그러니, 시민으로서 이러이러한 노력을 하고 있는데 정부는 어떤 노력을 하고 있느냐고 당당하게 묻자. 국민이 미세먼지를 줄이기 위해 환경에 도움이 되는 실천을 하면 정부도 의식해서 열심히 하지 않을 수 없다. 가장 편리하게 살 수 있는 시대에 불편을 택해야 잘 살 수 있다는 게 아이러니하지만, 그게 모두가 행복해지는 방법이기에 오늘도 나는 시민으로서 내 몫을 한다.

나비 효과의
무서움 알기

산호가 위기에 빠졌다는 뉴스를 접했을 때 한숨
이 새어나왔다. 과연 이 지구에 온전하게 살아가는
생물이 얼마나 될까. 각종 생물이 밀렵이나 서식지
파괴로 멸종 위기거나 쓰레기 때문에 죽는 상황까지
이르렀는데, 이제 산호마저 그 대열에 들어서는가 싶
어서 체념하게 되었다. 다른 환경 이슈를 챙겨보기도
벅찬 터라 산호초 문제를 자세히 살피지 못했지만,
멸종 위기의 이유가 궁금하기는 했다.

그러던 어느 날 〈산호초를 따라서〉라는 다큐멘
터리를 보게 되었다. 다큐멘터리까지 만들어진 걸 보
니 꽤 심각한 상황인 걸 짐작할 수 있었다. 내용은 이

랬다. 여러 분야의 전문가들이 모여서 산호초 탈색 과정을 촬영할 수 있는 타임 랩스 카메라 제작에 나섰다. 그리고 노력 끝에 바닷속에 카메라를 설치하고 촬영하는 데 성공했다. 촬영된 영상으로 확인한 산호초의 죽음은 예상보다 규모가 크고 심각했다. 전문가들은 산호초의 죽음에 대한 원인으로 기후 위기에 초점을 맞췄다.

산호는 바다 생태계의 근간이다. 육지에 나무가 있다면 바다에는 산호가 있다. 산호는 3차원 골격을 형성하는데, 이 복잡하게 생긴 구조 안에 다양한 생명체가 살아간다. 해양 생물의 25퍼센트 정도가 산호에 의지해서 서식하는 만큼 산호는 해양 생태계의 중심이나 다름없다. 산호가 사라지면 무수한 물고기도 사라진다. 뿐만 아니라 5억에서 10억 명 가까이 되는 인구의 주요 식량이 산호에 달려 있고, 항암 작용을 하는 물질을 비롯한 많은 신약의 원료가 바다에서 나온다. 또 산호는 자연 방파제 역할을 해서 거대한 파도를 막아주는데, 스스로 성장하고 재건하므로 인위적인 방파제보다 낫다.

산호가 하는 중요한 역할은 이게 다가 아니다. 날씨와 기후, 산소를 조절하는 역할도 한다. 석유, 가스, 석탄 같은 화석 연료를 태우면 이산화탄소가 대기층으로 올라가는데, 이산화탄소에는 열을 가두는 특성이 있다. 이렇게 이산화탄소에 의해 갇힌 열의 93퍼센트를 바다가 흡수해준다.

그러나 화석 연료의 남용으로 바다에 흡수되는 열이 너무 많아졌다. 수온이 변하는 건 체온이 변하는 것과 같아서 체온이 1, 2도만 올라도 위험하듯, 작은 수온의 변화도 심각한 문제를 초래한다.

수온이 정상 범주를 조금만 벗어나도 산호는 광합성으로 양분을 공급하는 능력이 손상되어 하얗게 변한다. 이를 백화 현상이라고 하는데, 백화 현상이 일어난 산호는 성장도 안 하고 번식도 하지 않다가 곧 죽어버린다. 호주 그레이트 배리어 리프*에도 백화 현상이 관측되었다.

화석 연료의 사용 등으로 인한 수온의 증가가 가

* 오스트레일리아의 북동 해안을 따라 발달한 세계 최대의 산호초 지대. 1981년 유네스코 세계 자연 유산으로 지정됨.

장 큰 원인이긴 하지만, 산호를 죽음으로 몰아넣은 원인이 또 있다. 바로 자외선 차단제다. 옥시벤존 Oxybenzone은 대부분의 자외선 차단제에 포함되는 성분인데 특히 스프레이 형태의 제품에 많이 들어 있다. 옥시벤존은 어린 산호에 치명적인 기형과 백화 현상을 초래한다. 또 DNA 손상을 가져오며 성장과 번식에 악영향을 준다. 여기서 그치지 않고 수컷 물고기를 암컷으로 만들거나 생식 관련 질환을 유발하고, 배아 발달 단계에서 기형을 만들어낸다.

옥시벤존과 옥티녹세이트Octinoxate가 포함되지 않은 차단제를 쓰면 산호에 해를 비교적 덜 끼칠 수 있다. 자외선 차단제 대신 햇빛을 가릴 수 있는 모자와 긴소매 옷을 입는다면 산호도 보호하고 내 피부도 보호할 수 있는 안전한 방법이 되겠다.

중요하지 않은 것처럼 보이는 산호가 이렇게 중요한 역할을 하고, 그 원인이 인간의 사소한 행동에 있다니. 우리의 작은 날갯짓이 얼마나 큰 폭풍을 일으키는지 새삼 두려워진다.

'아깝다'는
생각해보기

　나는 어릴 때 '아껴야 한다'는 말을 들으며 자랐다. 학교에서도 집에서도 그랬다. 종이도 전기도 아껴야 한다고 배웠고, 집에서 자장면을 시키면 나무젓가락을 쓰지 않았다. 엄마가 일회용 젓가락은 아깝다며 찬장에 넣어두라고 했기 때문이다. 쇠젓가락으로 먹으면 면이 미끄러져 불편했지만, 엄마의 말씀이니 따랐다.

　한번은 물건 아낄 줄 모른다고 혼이 났는데, 연필 한 다스를 선물 받고 곧장 쓰겠다며 모두 깎았기 때문이었다. 새 물건을 쓰기 좋아하는 건 어린이나 어른이나 마찬가지일 터. 혼이 난 게 억울한 와중에도 내가 아낄 줄 모르는 사람인가 싶어 걱정을 했다.

지금 와서 생각해보면 염려하지 않아도 되는 일이었다. 볼펜을 사면 리필 제품을 찾고, 연필은 몽당연필이 될 때까지 쓰는 어른으로 살고 있으니 말이다. 펜 하나를 살 때도 한참을 고민하며, 다 쓴 펜을 버리면 마음이 편치 않다.

펜을 대체할 방법을 고민하다가 얼마 전부터 만년필을 쓰기로 했다. 다 쓰면 그냥 버려야 하는 수성펜을 매번 구입하는 대신 만년필에 잉크를 채워서 쓰고 싶어서였다. 처음엔 어색했는데, 쓰다 보니 나름의 멋이 있어서 자꾸 손이 갔다. 펜촉마다 두께가 있어서 원하는 것으로 바꿔쓰는 재미도 있다. 점점 만년필의 세계에 빠져들 것 같다.

누군가에게 '아까워서 못 쓰겠다'는 말을 언제 마지막으로 들었는지 가물가물하다. 손가락 몇 번만 까딱하면 원하는 물건을 가만히 앉아 몇 시간 안에 받아볼 수 있는 세상이니, 그럴 만도 하다. 특히 인터넷의 혜택을 일찍부터 누리고 자란 세대들은 물건을 소비하는 데 집중할 뿐, 아끼는 것에는 익숙치 않을 듯하다.

온라인 쇼핑이 없던 시절에는 발품을 팔아서 물건을 구할 일이 많았을 테고, 시간과 수고를 들여서 구입했으니 더 애착이 갔을 것이다. 무엇이든 구하기 쉬워진 지금도 사람들이 소중히 여기는 물건은 있다. 열심히 모은 돈으로 산 물건이든, 소중한 사람에게 받은 선물이든, 개인적으로 의미 있는 애장품이든 말이다. 하지만 특별하지 않더라도 아껴 썼던 옛날의 정신이 그립다. '아낀다'는 생각과 실천이 지구와 나를 위해서 필요한 시대가 다시 왔기 때문이다.

포장된 식품 용기
확인하기

한때 떡을 좋아했지만, 요즘엔 잘 먹지 않는다. 탄수화물 섭취를 줄이기 위해서도 있지만 다른 이유가 있다. 바로 떡 포장에 쓰는 하얀 스티로폼 트레이 때문이다. 트레이를 쓰지 않는 떡집이 있지 않을까 싶어 둘러봤는데, 재래시장 안에 있는 가게, 동네 가게 모두 예외없이 스티로폼을 사용한다. 떡은 말랑말랑한 음식인데 굳이 완충 역할을 하는 용기에 담아야 할 필요는 없지 않을까.

스티로폼 트레이는 식품 포장에 흔하게 쓰이는데, 위에 씌우는 PVC 랩은 가공 및 폐기 과정에서 발암 물질을 배출한다. 제조 시 염화비닐이라는 화학 물질을 사용하기 때문에 작업자가 암에 걸릴 확률이 높고, 폐기 과정에서는 다이옥신이 발생한다.

환경부가 2019년부터 대부분의 식품에 PVC 랩 사용을 금지했지만, 포장과 배달 음식에 여전히 많이 쓰인다. 다른 비닐보다 부피가 작아서 환경에 덜 해로울 줄 알았던 랩이 오히려 더 해로운 소재였다니 충격적이다.

몇 년 전, 시장에서의 일이다. 고구마를 사고 싶었는데 플라스틱 트레이에 담겨 있었다. 집에 가져가면 트레이는 곧장 쓰레기가 될 거라 그게 너무 아까웠다. 가게 아주머니께 죄송하지만 고구마만 빼서 달라고 말씀드려봤다. 그랬더니 흔쾌히 랩을 찢고 고구마를 봉지에 담아주셨다.

전에는 '그럴 수 있지' 하고 넘어갔을 포장에도 이제는 의문을 던지게 된다. 면적도 크지 않은 대한민국 땅에 불법으로 버려진 쓰레기가 전국 곳곳에 산을 이루고 있으니까. 갓 나온 떡을 보며 입맛을 다시다가도 쓰레기 산들을 떠올리면 도로 식욕이 없어진다. 환경 문제가 내 입맛까지 바꿀 줄이야.

자급자족
생활 연습하기

환경 관련 책을 읽다가 상상해봤다. '거대한 자본이 제공하던 서비스가 어느 날 갑자기 끊긴다면?' 평소에 생각해본 적 없던 '자급자족'이라는 단어가 마음을 툭툭 건드렸다. 시간과 품이 많이 드는 작업을 좋아하지 않음에도, 어디까지 내가 자급자족할 수 있는지 생각해보았다. 옷을 만들어 입을 수 있는가? 책상과 의자는? 무엇보다 먹을 것을 직접 길러 먹을 수 있는가? 질문을 이어가다 보니 심장이 쿵 떨어지는 기분이었다. 왜 진작 하지 않았을까?

유통되는 먹거리를 소비하는 것에 의문을 가져본 적이 없었는데 생각해보니 자급자족할 수 있는 게 있었다. 과일처럼 전문적인 재배 기술이 필요한 작물은 그렇다 쳐도, 상추나 깻잎 같은 잎채소는 직접 길러 먹을 수 있었다. 그러면 집에 갔을 때 곧장 쓰레기가 될 비닐로 포장된 채소를 사지 않아도 되는 것이다.

구입한 제품이 나에게 오기까지 어떤 과정을 거쳤는지, 얼마만큼의 물과 전기와 석유가 들었는지, 얼마나 많은 화학 약품이 쓰였는지 나는 알지 못한다. 얼마나 많은 숲을 망가뜨렸고, 얼마나 많은 동물을 쫓아내고 만든 물건인지 알 수 없다. 값이 저렴하다고 해서 만들어진 과정까지 간단한 것은 아닐진대, 그 사실을 알기 어렵다. 안다고 하더라도 잘 생각하지 못한다.

제품이 만들어지고 소비되는 전 과정에서 발생한 이산화탄소 배출량을 추산한 지표를 '탄소 발자국'이라고 한다. 이 탄소 발자국을 줄여보려고 직접 화분 몇 개에 상추, 깻잎, 치커리 등의 잎채소와 몇 개의 식물을 기르고 있는데, 그리 쉽지는 않다. 공원에 널린 들풀은 저절로 잘 크는 것 같은데 왜 화분에 심은 식물은 보살핌이 필요한지.

수확은 많이 하는데 벌레 먹은 것도 많아 절반 가까이 버리고 있지만, 채소를 기르면서 배운 것이 많다. 농사는 씨만 뿌려두면 저절로 되는 게 아니라는 것. 시간 내어 물도 줘야 하고, 벌레도 쫓아내야 하고, 거름도 챙겨야 하고, 병들지 않았는지 살펴야 하고, 생육에 필요한 햇빛을 관리해야 하는 등 관심과 시간을 줘야 한다는 것을 배웠다. 그래도 푸른 잎들이 파릇파릇 자라 있는 걸 보면 그간의 시름을 모두 잊어버린 채 마냥 신기하고 뿌듯하다.

앞으로도 조금씩 자급자족을 통해 스스로의 힘으로 살아가는 연습도 하고, 탄소 발자국도 줄여봐야겠다.

쓰레기 없는 장보기,
나는 이렇게 한다

제로 웨이스트를 실천하던 초창기에는 원하는 만큼 담을 수 있는 신선 채소가 있는 곳을 찾아 일부러 먼 마트나 백화점까지 갔다. 하지만 조금만 담아도 유기농 식품을 살 때보다 돈이 많이 들어 오래 지속하지 못했다. 동네 마트, 재래시장, 생협 등을 모두 돌아다녀 봐도 포장이 되지 않은 채소는 당근, 고구마, 시금치, 브로콜리, 가지, 오이, 피망 정도로 한정되었다. 한 가게에서 구입할 수 있는 것도 아니라 만만치 않은 수고가 들었다. 잎채소를 직접 길러 먹어야겠다고 결심한 이유이기도 했다.

평소 그냥 지나치던 동네 채소 가게가 눈에 들어와 가봤는데, 채소와 과일 대부분이 포장 없이 진열되어 있었다. 심지어 옛날처럼 손님이 콩나물과 숙주나물을 요청하면 그때그때 한 움큼씩 담아서 팔았다. 숙주나물이 먹고 싶은 날이면 비닐봉지 하나를 가져가서 담아오면 되니 지금까지도 종종 이용하고 있다.

어느 날 백화점 식품관에 갔는데 직원 한 분이 청포도를 포장하고 있는 게 보였다. 몇 달 전부터 청포도가 먹고 싶었지만, 플라스틱 쓰레기가 싫어서 참아왔었다. 모처럼 포장 없이 사겠구나 싶어 기뻤지만 넣어갈 장바구니가 없었다. 아쉽게 발길을 돌리려는데 과일 진열대 옆에 각대 봉투가 비치되어 있었다. 직원에게 다가가서 각대 봉투를 내밀며 담아줄 수 있는지 물었더니 흔쾌히 그렇게 해주었다.

또 어느 겨울날엔 마트에 갔는데 군고구마 냄새가 맛있게 나서 그냥 지나칠 수가 없었다. 하나를 사 먹으려고 봤더니 비닐로 포장되어 있었다. 방법을 찾다가 마침 가방 안에 있는 미세먼지 마스크 비닐이 생각났다. 점원에게 가서 고구마를 마스크 비닐에 담겠다고 하자, 바코드를 군고구마 위에 붙여주었다.

이외에도 나는 빵집에서 빵을 살 때 "포장은 안 해주셔도 돼요"라고 쏜살같이 말한다. 점원의 손놀림 보다 빠르게 포장 거절을 하고, 담아갈 것을 챙기지 않은 날엔 트레이 위에 놓인 종이로 빵을 돌돌 말아 서 들고 나온 적도 있다. 비닐도 아끼고, 깨끗한 종이 를 활용할 수 있어서 좋다.

"아니, 그래도 기름기가 있는데 담아가시죠."

이런 말을 들으면 먹으면서 갈 거라고 대답하며 돌아선다. 제로 웨이스트 장보기를 하다 보면 이렇게 '편리'를 권유 내지는 강요받곤 한다. 원치 않는다고 정중히 거절하면서, 비닐 안 쓰기를 더 열심히 해야 겠다는 다짐이 한 뼘 자란다.

17세기 네덜란드를 배경으로 한 영화 〈진주 귀걸 이를 한 소녀〉에는 스칼렛 요한슨이 푸줏간에서 고 기를 구입하는 장면이 나온다. 비닐이 없던 그 시절 에는 생고기를 어디에 담아줬을지 궁금해서 유심히 들여다봤는데, 보자기 크기의 하얀 천에 고기를 싸주고 있었다. 세탁기나 청소기가 없던 그 시절 집안일은 지금보다 훨씬 고단했겠지만, 쓰레기 없는 장보기는 더 쉬웠겠다.

21세기인 지금, 쓰레기 없이 장을 보는 건 난도가 보통이 아니다. 머릿속에 일정까지 그려두어야 성공률이 높다. '아차' 하는 순간 쓰레기 하나가 뚝딱 생길 수 있다. 제로 웨이스트 장보기가 익숙해지기까지는 시간이 걸린다. 길을 가다가 사고 싶은 게 있어도 담아갈 것이 없으면 돌아선다. 그래서 요즘엔 만일의 경우를 대비해 나갈 때 장바구니, 면 주머니, 반찬 통을 챙긴다. 미니멀리스트로 살지만 가방은 가득 차게 된다.

KBS 스페셜 〈플라스틱 지구〉에서 잡지 《:쓸》의 편집자는 제로 웨이스트의 실천에 대해 이렇게 말했다.

"재미있는 놀이 같아요. 요즘 젊은 또래들은 개인의 일상을 쉽게 공유하기도 하잖아요. 그렇게 여러 사람이 미션을 수행하는 것처럼 즐기면서 하다 보면 플라스틱이나 다른 포장 쓰레기도 많이 줄어들겠죠."

나 역시 제로 웨이스트를 실천하면서 재미를 느낀다. 플라스틱 없이 구입한 청포도, 군고구마, 빵 한 조각은 작은 행복이 더해져 맛이 증폭된다. 포장 거절은 하면 할수록 과감해지고 아무렇지 않아진다는 매력이 있다.

쓰레기를 줄이기 위한 이런저런 궁리를 하면서 창의적인 사람이 된다. 이 모든 노력이 건강한 환경에서 살고 싶은 나를 위한 것이니까 쑥스러움 따위는 별것 아니다. 포장이 거의 자동화되어 있는 세상에서 제로 웨이스트를 하는 건 매 순간이 속도전이지만, 게임처럼 접근한다면 쉽고 재밌게 실천해볼 수 있을 것이다.

미세먼지, 교통비 줄이는
공공 자전거 이용하기

10년 전에는 내 자전거가 있었다. 운동 삼아 바람을 쐬거나 가까운 거리로 나설 때 자전거를 이용하면서, 교통비를 아끼고 시간도 절약했다. 그런데 어느 날, 아파트 거치대에 잠가둔 자전거가 사라졌다. 도둑을 맞은 것이다. 늘 타던 자전거가 없어져서 불편했지만, 그렇다고 자전거를 사자니 또 도난당할지 모르는 일이었다. 그 이후로 몇 년 동안 자전거 없이 살았다.

그런데 얼마 전부터 다시 자전거를 타기 시작했다. 서울시에서 운영하는 공공 자전거 '따릉이' 덕분이다. 한강 공원에 갔는데 자전거를 사지 않고도 내

것처럼 탈 수 있다는 게 신이 났다. 30일 이용권을 이용하다가 180일 정기권으로 갈아탔고, 지금도 스마트폰에 따릉이 앱을 깔아놓고 애용하고 있다.

이용하기 전에는 몰랐는데 따릉이를 타고 다니는 사람들이 참 많다. 그 사람들을 보는 것만으로도 기분이 좋다. 그들이 다른 교통수단 대신 자전거를 이용하는 덕분에 공기가 그만큼 깨끗해지는 거니까 말이다.

아무리 자전거가 친환경적인 교통수단이라지만 만드는 과정에서 환경에 영향을 줄 텐데, 여러 사람이 나눠쓰니까 그만큼 자원도 절약되겠다. 교통비가 들지 않고, 길이 막힐 일이 없으니 예상 시간에 목적지에 도착한다는 장점도 있다.

여러 사람이 쓰는데 고장이 나지 않느냐고? 물론 그렇긴 하다. 간혹 타이어에 바람이 빠지거나, 잠금 장치가 풀리지 않거나, 안장 높이 조절이 안 되거나, 대여할 때 단말기 오류가 생기기도 한다. 그러나 고객 센터에 전화하면 해결 가능한 문제다. 앱으로 간편하게 고장 신고 접수를 할 수도 있다.

올해로 따릉이를 이용한 지 만 3년째가 되었다. 따릉이 앱에 들어가면 대여·반납 이력에서 이용 시간과 이용 거리, 칼로리, 탄소 절감 효과를 조회해볼 수 있다. 그동안 내가 이용한 거리는 377.65킬로미터이고 탄소 절감 효과는 87.59킬로그램이었다. 탄소를 이만큼이나마 줄였다니 뿌듯하다.

《디지털타임스》 기사에 따르면 2015년 10월 시작한 따릉이의 서비스 이용자는 2019년 3월 기준 109만 명에 이르며, 누적 이용 건수는 1,006만 건이나 된다고 한다. 많은 사람이 따릉이를 타며 줄인 탄소 배출량을 모으면 엄청나겠다. 나날이 정류소가 확대되면서 접근성이 앞으로 더 개선될 거라고 하니 따릉이는 더욱 사랑받을 것이다.

가까운 거리는 자가용 대신 공공 자전거를 이용해보면 어떨까. 기분 전환도 되고, 이동하는 시간과 돈을 절약할 수 있으며 건강도 지키니 일석삼조다.

5.

혼자가 아니야

행동 실천에
부담 갖지 않기

제로 웨이스트는 말 그대로 쓰레기를 만들지 않는 것을 뜻한다. 처음엔 '제로'에 신경이 쓰여서 쓰레기가 하나도 없어야 되는 줄 알았다. 이제는 그렇게 생각하지 않는다. 쓰레기를 하나도 만들지 않는 건 현실적으로 불가능하기 때문이다. 그렇다면 왜 제로 웨이스트라는 말을 쓸까? 쓰레기를 아예 만들지 않기는 현실적으로 어려우니 '제로'라는 높은 목표를 잡아야 그나마 그에 가깝게 쓰레기를 줄일 수 있기 때문인 것 같다.

사실 제로 웨이스트를 외치고 있는 나 또한 매 순간 친환경적으로 사는 건 아니다. 힘들 땐 건너뛰고,

못하겠다 싶은 건 하지 않는다. 너무 피곤해서 비닐 포장 없는 가게까지 걸어가기 힘든 날에는 가까운 슈퍼에서 포장된 물건을 산다. 어제는 텀블러를 썼는데 오늘 종이컵을 썼다고 해서 '역시 나는 안 돼. 환경은 아무나 챙기는 게 아닌가 봐'라고 좌절하지 않는다. 텀블러를 쓴 날만큼은 환경을 위해 이로운 행동을 했으니까.

제로 웨이스트를 실천하기 위해 외출 시 이것저것 챙겨 담느라 내 가방은 꽤 무겁다. 지갑과 스마트폰을 넣고, 물을 담은 물병, 스테인리스 빨대와 손수건도 챙긴다. 오는 길에 시장에 들를지도 모르니 빈 반찬 통과 에코백도 넣는다. 날씨가 쨍할 땐 선글라스와 양산도 챙긴다. 지하철을 오래 타기라도 하는 날이면 책 한 권까지 추가한다. 욕심 같아서는 텀블러도 넣고 싶지만 공간도 무게도 초과이기에 웬만해서는 가지고 다니지 않는다.

어느 나라에는 1년 동안 버린 쓰레기가 작은 유리병 하나에 담길 정도로 쓰레기를 적게 만드는 제로 웨이스트 실천가가 있다고 한다. 어떻게 그럴 수 있는지 신기하면서도 '나는 어떻게 더 노력해야 할까' 하는 생각이 든다. 그러나 이내 쓰레기 줄이기는 경쟁이 아니라는 결론을 내린다. 미니멀 라이프를 살아가는 데 물건 수가 많고 적은 것이 본질이 아니듯, 제로 웨이스트도 비교가 목적이 아니다. 그 실천가의 성취는 물론 대단하지만, 쓰레기를 줄이는 나의 노력도 멋지다. 각자의 상황과 환경이 다르다는 것을 생각하면서 자신에게 잘 맞는 것, 스스로 할 수 있는 것을 하면 된다.

만약 내가 완벽을 추구했다면 제로 웨이스트를 지속할 수 있었을까? 아닐 것이다. 할 수 있는 선에서 하자는 생각이었기에 가능했다. 불가피하게 일회용품을 쓰게 되더라도 자책하지 않으려고 했다. 꾸준히 환경 문제에 관심을 갖고 노력하고 있다는 것에 의의를 두었다.

'여건이 갖춰지면 그때 뭘 해보겠다' '100퍼센트 완벽한 방법이 아니고 결과가 보장되지 않으니 하지 않겠다'고 생각하면 어떤 일도 이룰 수 없다. 세상의 그 어떤 일이 한 번에 잘될 수 있을까? 어떤 일이든 시도하고 부딪히면서 성장하는 게 세상의 이치 아니

던가. 처음에는 미미해 보이는 0.01퍼센트의 변화가 0.09퍼센트의 변화로 성장했다가 1퍼센트, 2퍼센트, 3퍼센트, 10퍼센트로 점차 늘어가는 것이다.

　카페를 갈 때 스테인리스 빨대를 챙기기로 했다고 하자. 지난주에 그렇게 하고 어제도 잘 챙겼는데, 오늘은 못했다면? 내일이라도 챙기면 된다. 몇 번 못했다고 해서 '역시 나는 친환경 인간으로 살긴 어렵겠어'라는 생각을 할 필요가 없다. '오늘은 일회용 빨대를 써버렸네. 아쉽네'라고 생각하면 그만이다. 아쉬운 경험이 쌓이다 보면 더 나은 방법을 찾아내게 된다. 아예 가방에 스테인리스 빨대를 넣어두는 식으로.

　완벽하지 않아도 된다고 생각하면 편안한 마음으로 할 수 있다. 시장에 열 번 갔을 때 다섯 번은 비닐을 챙겨가고 다섯 번은 그러지 못했다 해도, 당신은 친환경을 실천하는 사람이고 앞으로도 그럴 수 있는 사람이다. 뭐라도 하려는 마음은 언제나 아름답다.

환경에 관심 있는
주변 사람들에게 배우기

　블로그를 하기로 마음먹은 가장 큰 이유는 나와 같은 생각을 하는 사람이 있는지 확인하고 싶어서였다. 내게 블로그 포스팅은 캄캄한 밤 손전등을 비추며 "거기 누구 없나요?"라고 외치는 일이었다. 누군가 내 이야기에 관심을 가질지도 모른다는 기대가 있었다. 블로그 게시글이 하나둘 늘어가자 불빛이 하나둘 켜지고 사람들이 모습을 드러냈다. 꾸준히 찾아오는 사람들이 생겨났다.

　다른 블로그와 소통하면서 생각지도 못한 시도를 하는 분들을 만나고 감탄했지만, 항상 반갑기만 한 것은 아니었다. 다른 사람의 이야기를 보며 '저렇게까지 해야 하나' 싶은 생각이 들 때가 있었다. 전기와 물을 아끼고, 불필요한 소비를 줄이고, 개인 수저와 컵을 쓰고, 웬만한 더위나 추위는 조금 참고, 엘리베이터 대신 계단을 오르내리는 일 등 기존에 하고 있는 것만으로도 많았기 때문이다.

하지만 처음엔 낯설고 엄두가 나지 않던 실천도 이 블로그, 저 블로그에서 자주 접하다 보니 해볼 만한가 싶어 도전해보게 되었다. 예를 들면, 쓰고 남은 야채나 과일을 담을 때 비닐 대신 비즈 랩을 쓰는 블로그 이웃을 떠올리며 따라 해보는 것이다. 그게 한 번이 되고 두 번이 되면 그 뒤로는 익숙해졌다. 내 의지로 새로운 시도를 하는 건 어렵지만 누군가를 모방하는 건 생각보다 쉬웠다.

이웃 블로그를 방문하면서 정보를 얻을 뿐만 아니라, 좋은 에너지를 얻을 때도 많았다. 혼자 고민하고 애쓰는 게 아니란 사실을 알고 나자, 억울한 마음이 스르르 녹았다. 열심히 환경을 위해 노력하는 사람들이 있어서 참 든든했다. 블로그는 서로 공감하고 격려하며 더 나은 환경을 그리는 공간이 되어주었다.

가장 크게 달라진 점은 마음이다. 예전에는 '나 같은 사람이 또 있을까?' 생각했다면, 이제는 '오늘도 어디선가 면 주머니를 들고 장을 보고 있는 사람이 있겠지'라고 생각한다. 만나보지도 못한 이웃들이지만, 그들을 생각하면 힘들다는 생각이 누그러든다.

개인이 바꿀 수 있는 게 없다고 생각하는 분위기 속에서도, 방법을 찾고 변화를 만들기 위해 노력하는 사람들이 있다. 불가능해 보이는 일도 함께하면 쉽고 해볼 만한 일이 된다. 무엇보다 많은 사람이 하면 효과가 크게 돌아온다. 그런 의미에서 '내가 굳이 왜?' 대신 '나도 함께한다'라고 생각해보면 어떨까. 그런 당신을 보고 당신 주위의 사람들이 힘을 내 유익한 실천에 동참할 수 있으니까.

긍정적인
영향력 나누기

어릴 때는 휴지를 아끼다 못해 한 장을 반으로 잘라 쓰시는 외할머니를 이해하기가 어려웠다. 그런 내가 어느 순간 평생 절약하며 살아온 할머니를 따라하고 있었다. 미용 티슈 한 장을 뽑아 쓰고 나면 깨끗하게 남은 면적이 꽤 넓은데, 이 부분을 떼어두었다가 나중에 쓴다. 그러다 보니까 휴지 한 통을 정말 오래 쓴다.

내가 아는 사람 중 이렇게 하는 사람은 할머니 말고는 없을 거라 생각했는데 또 있었다! 바로 배우 박진희 씨다. 평소 환경을 생각하고 생활 속에서 실천하는 것으로 유명해서 '에코지니'라는 별명을 얻었을 정도다.

어느 인터뷰에서 그가 자신의 에코백에 든 소지품을 시청자들에게 보여주다가 안에서 작은 휴지 뭉치 하나가 나왔다. 그는 살짝 당황하면서 "한 번 더 쓰려고 남긴 것"이라며 웃었다. 이어서 "가끔 티슈를 한 번 쓰고 버리기 너무 아까운 거예요. 그래서 다음에 또 쓰려고 갖고 있어요"라고 했다. 이것만으로도 놀라운 이야기인데 그는 내가 듣고 싶은 말만 하기로 작정하고 나온 사람처럼 말을 이어갔다.

"사실 이 휴지 한 장이 별것 아닌 것 같지만 나무를 베어야 만들 수 있는 걸요. 요즘엔 물을 쏟아도 다 휴지 뽑아서 닦지 걸레로 닦을 생각은 잘 안 하잖아요. 그럴 때 써도 좋을 것 같아요."

어떤 계기로 환경을 중요시하게 됐느냐는 질문에 박진희 씨는 다음과 같이 말했다.

"엄마가 어렸을 때부터 예쁜 꽃, 좋은 날씨, 이런 걸 보면 항상 저에게 '진희야, 너무 예쁘지 않아?'라고 묻곤 했어요. 굉장히 소녀 같은 감성을 가지고 계셨고, 생명에 대해 감사한 마음을 늘 표현하셨어요. 그걸 배운 것 같아요."

평소에도 텀블러를 애용한다는 배우 김혜수 씨는 "텀블러 사용 귀찮지 않나요?"라는 비디오머그 제작진의 질문에 이렇게 답했다.

"'뭐 그렇게까지 하냐? 유난 떠냐?' 이런 얘기도 듣긴 했어요. 하루는 촬영을 다 하고 난 뒤 분장실에서 우연히 쓰레기통을 봤는데 생수병, 제가 마셨던 커피가 담겼던 일회용기, 저희 스텝들이 같이 먹었던 것들이 큰 쓰레기통을 꽉 채울 정도로 많더라고요. 그래서 자연스럽게 저희 팀은 개인 텀블러를 가지고 다니자. 여의치 않을 때는 일회용품을 사용하되 자기 이름을 써서 하루에 하나만 쓰자고 했어요."

배우 정우성 씨는 어디 가서 물건을 구입할 때 될수 있으면 쇼핑백을 안 받는단다. 플라스틱 물병에 붙어 있는 라벨을 떼어 배출하면 훨씬 많은 플라스틱을 재활용할 수 있다는 이야기를 듣고 집에서 그걸 꼭 실천한다고 했다. 텀블러를 사용하는 게 불편하지 않느냐는 질문에는 "인간은 적응의 동물 아니겠냐"며 익숙해졌다고 대답했다.

뮤지션이자 작은 독립서점 '책방무사'를 운영하는 요조 씨는, 책을 구매하는 손님들에게 처치 곤란한 에코백을 모아 보내달라고 요청해서 받은 에코백에 책을 담아준다고 했다. 받는 분들도 재미있어 하고 에코백을 다시 활용할 수 있어서 더 좋다고. 명함은 제작하는 대신 자투리 종이에 도장을 찍어서 사용하고 있다고 했다. 그녀는 손수건, 텀블러를 오래전부터 사용했고 장 볼 때 장바구니를 꼭 가져간다고 강조했다. 커다란 용기를 늘 가지고 다니면서 장 볼 때도 쓰고, 외식하고 음식이 남았을 때도 담아온단다.

환경 단체 그린피스에 후원을 하면서 환경 보호와 관련된 활동에 앞장서는 배우 류준열 씨는 한 인터뷰에서 밝혔다.

"환경 운동에 참여한 이후 일회용품을 쓰는 데

죄책감이 있다. 그래서 일상생활에서 할 수 있는 작은 실천인 머그잔과 텀블러 사용부터 시작해, 일회용 빨대나 수저 등을 사용하지 않으려고 노력 중이다. 그리 거창한 이유는 아니다. 작은 일부터 실천하려는 의지다. 최근 유해진 선배님이 환경 운동과 축구를 좋아하는 저를 위해 축구팀 마크가 그려진 텀블러를 선물해주셨다. 주위에서 더 많은 아이디어를 이야기 해주셔서 실천이 즐겁다."

환경 보호를 실천하는 연예인, 공인이 더욱 많아지면 좋겠다. 그들이 미치는 선한 영향력으로 생각을 바꿔보는 사람들이 많아졌으면 한다.

환경 보험
가입하기

눈부신 현대 의학의 발달로 100세 시대가 열렸
다지만, '기후가 정상이고, 플라스틱 쓰레기 문제가
해결된다면'이라는 전제가 붙어야 할 것 같다. 실제
로 세계 보건 기구WHO는 '10대 글로벌 보건 위협' 명
단을 발표하면서, 대기 오염과 기후 위기를 세계인의
가장 큰 건강 위협 요인으로 꼽았다.

환경 단체에 후원을 시작한 지 4년이 넘어가고
있다. 환경이 내 삶과 직결되어 있음을 절감하기 때
문에, 미래를 위한 보험을 드는 마음으로 후원한다.
대단한 금액은 아니지만 내가 후원하는 돈과 서명 운

동 참여가 변화를 만드는 데 보탬이 될 때 뿌듯함을 느낀다.

환경 관련 NGO들이 무슨 돈이 그렇게나 필요해서 맨날 후원자를 모집하는지 이해를 못하던 때도 있었지만, 몇 년 전 한 단체가 주최한 프로그램에 참여하면서 이유를 알게 되었다. 그들은 꾸준히 사무실 관리도 해야 하고, 직원들 월급도 줘야 한다. 캠페인에도 자금이 필요하다. 적지 않은 NGO 단체가 자율성을 지키기 위해 정부의 재정 지원 없이 시민들의 후원만으로 운영되기 때문에 시민들의 후원이 줄어들면 심한 재정난을 겪게 된다.

모든 일을 합리적으로 완벽하게 처리하는 조직은 없다. 국가 역시 마찬가지다. 환경 문제와 관련되어 발생하는 제도적 빈틈을 메우기 위해 시민 단체가 있다. 환경 단체는 수시로 행사를 열어서 시민들과 만나므로 관심 있는 단체가 있다면 자원봉사나 체험 프로그램에 참여해보는 것을 추천한다. 매체에 비춰지는 활동가들은 문구가 적힌 피켓을 들고 굳은 표정으로 있지만 실제로 만나보면 평범한 사람들이다. 굳은 표정은 단체 특성상 찬성보다는 반대할 일이 많은 데서 오는 고단함 탓일 것이다. 그들의 노력이 고맙다. 덕분에 환경이 이나마 지켜졌다고 생각한다.

환경 단체에서 운영하는 SNS를 보면 진행하는 활동과 관련 이슈를 지속적으로 알 수 있어서 편하다. 나의 경우에는 뉴스를 챙겨보지 못하더라도, 환경 단체 SNS를 통해서 중요한 이슈들을 확인한다.

환경이 나빠지면 개인은 생존을 위해 더 많은 돈을 지불해야 한다. 면역력 관리에 더 신경 써야 하고, 안전한 먹거리를 찾는 데 에너지와 시간을 소모할 것이다. 나의 삶과 직결된 환경 문제를 해결하는 데 힘을 실어줄 보험, 오늘 한번 찾아보면 어떨까. 환경 보험은 나의 건강과 에너지와 시간을 아끼고 지킬 것이다.

생태적
거리 두기

멀고 먼 옛날, 원시 시대 인류는 항상 경계를 늦추지 않아야 했다. 자연은 인류에게 먹을 것을 제공해줬지만 동시에 체력의 한계를 시험하거나 목숨을 앗아가기도 했다. 원시 인류는 사나운 동물을 만나면 돌을 던지고 창을 휘두르거나, 불로 위협하거나, 높은 곳으로 피했을 것이다.

지금이야 인간이 동물을 통제할 수 있게 되었지만, 그 시절에 각인된 공포와 경계심은 우리 유전자 깊숙한 곳에 남아 있다. '날짐승을 내버려 두면 사람에게 좋을 게 없다'는 생각도 얼마든지 잔재할 수 있다. 호기심은 생기지만 가까이하고 싶지는 않은 야생 동물이 우리 곁에서 사라진 것은 어쩌면 이 본능에 의해 암묵적으로 동의된 일인지도 모른다.

과도한 개발을 멈추자는 목소리가 여기저기서 나와도 사람들이 잘 듣지 않았는데, 여기에 코로나19까지 덮쳤다. 생물학자 최재천 교수는 동물이 갖고 있던 질병이 인간에게 전염되는 상황이 앞으로도 몇 년 주기로 발생할 수 있다고 경고했다. 인간이 개발을 하겠다고 야생 동물의 서식지 깊이 침투하는 것에 그치지 않고 야생 동물 고기를 식용화하면서 접촉이 늘어난 탓이다. 게다가 기후 위기로 동물들이 적합한 온도를 찾아 이동하면서 사람과의 접촉이 더 빈번해질 것이므로 이 또한 염두에 두어야 한다고 설명했다.

일상이 바뀌고, 경제가 흔들리고, 숨 쉬는 것이 불안해지는 경험은 우리에게 잊지 못할 충격이었다. 현실 같지 않은 현실을 수 개월째 지켜봤다. 코로나19 백신이 나온 지금 이 순간에도, 한편으로 백신이 다가 아닐 수 있다는 생각이 들었다. 일상으로 되돌아가더라도 이전처럼 살아가긴 힘들 것이라는 전문가들의 예측이 쏟아졌다. 포스트 코로나 사회는 이전과 어떻게 달라질지 관심이 쏠렸다. 비대면 세상이 단기간에 심화될 것이라는 예측도 있다. 사회적 변화가 일어나면 우리는 거기에 맞춰 적응해야 할 것이다. 어색하던 마스크에 적응했듯이.

많은 희생을 남긴 코로나19 같은 전염병을 피하려면 앞으로 우리는 어떤 삶을 지향해야 할까. 이번에도 가장 큰 문제는 기후 위기다. 사람이 어떤 방식으로 자원을 생산하고 소비하느냐에 따라 생태계와 조화를 이룰 수도, 그렇지 않을 수도 있음을 우리는 똑똑히 보았다. 인류는 결단이 필요한 시점에 직면했다.

코로나19를 겪으며 우리가 동물을 보호해야 하는 이유 한 가지를 배웠다. 그들의 터전은 그들의 영역으로 놓아두고 동물과 적절한 거리를 유지하는 것이 서로가 평화롭게 살아가는 방법이다. 야생 동물을 먹는 것이 어떤 사람들에게는 관광 코스처럼 여겨졌을지 모르나, 그것이 불러온 참사를 인류 전체가 겪었다. 우리가 서로의 안전을 위해 사회적 거리 두기를 했듯이, 동물과 인간이 모두 안전해지는 생태적

거리 두기 또한 시작해야 할 것이다. 코로나19 유행 기간 동안 보여줬던 성숙함을 앞으로는 야생과의 거리 두기에도 발휘해야 할 필요가 있겠다.

어차피 맞이해야 할 위기라면 기회로 여기는 것도 방법이라고 생각한다. 이번 코로나 시국에서 우리나라의 국민성은 빛을 발했다. 위기 속에서도 각자가 할 수 있는 예방책을 준수하는 모습을 보면서 이 정도 성숙함이라면 기후 위기도 슬기롭게 극복할 수 있겠다는 예감이 든다.

내일도 살아갈
우리를 생각하기

    드라마 〈SKY 캐슬〉이 한창 열풍이던 시절, 드라
마를 보며 줄거리와 일절 관련 없는 생각이 문득문득
떠올랐다. 저렇게 미래를 바라보며 열심히 노력을 쏟
아붓는데, 어느 날 모든 게 엉망이 되면 무슨 소용일
까. 수단과 방법을 가리지 않고 좋은 대학에 보내려
는 그들의 맹목적인 노력이 더욱 씁쓸하고 덧없이 느
껴졌다. 아이들이 건강하게 살 수 있는 환경이 유지
될 때에나 저런 노력이 의미가 있을 텐데 말이다.
    환경 캠페인에 흔히 쓰던 '다음 세대를 위해서'라
는 구호는 이제 옛말이 되어버렸다. 어른들의 행동이
못마땅한 '다음 세대'가 자신들을 위해 직접 나서고

있기 때문이다. 얼마 전 청소년 100여 명이 학교 수업을 빠지고 세종문화회관 앞에 모였다. "안녕하세요? 10년 후 자취를 감추게 될지도 모를 청소년입니다"라고 자신들을 소개한 학생들은 기후 위기에 대해 정확히 알고 싶다고 했다.

이젠 학생들도 자신들의 미래가 밝지 않다는 것을 안다. 그 학생들을 보고 있자니, 어른들보다 낫다 싶어 고맙다가도, 짠하게 느껴져 미안하기도 하다. 어린 친구들에게서 살아남고 싶다는 말을 듣게 된 세상이다.

외국에서 이러한 움직임은 예전부터 있었다. 스웨덴에서는 16살 학생이 등교를 거부하고 기후 위기를 막기 위해 행동해달라며 거리에서 시위를 시작했다. 소녀의 이름은 그레타 툰베리. 그레타를 시작으로 청소년의 기후 위기 관련 시위가 전 세계 40여 개국에서 활발하게 일어나고 있다. 이들이 수업도 포기하고 길에 나온 건 이런 마음에서였을 터다. '공부하면 뭐하나? 지구가 망하면 다 끝인데!'

발리는 아름다운 섬으로 알려졌지만 실제로는 세계에서 중국 다음으로 해양 쓰레기가 많이 배출되는 국가다. 1인당 연평균 700장의 비닐봉지를 사용하는 발리를 구하기 위해서 12살 때부터 비닐봉지 사용 줄이기 캠페인을 펼쳐온 소녀가 있다. 멜라티 위즌이다. 멜라티는 비닐봉지 사용 및 판매, 생산 금지를 위해 100만 명 서명 운동을 진행했고 발리 주지사 면담을 요구했으나 거부당했다. 그러자 단식 투쟁에 들어갔고 마침내 주지사와 만나 발리에서 비닐봉지를 줄여나가겠다는 약속을 받아냈다.

미국 캘리포니아주에 사는 8살 소년 라이언 힉맨은 한 달에 두세 번 집 근처 바닷가를 청소한다. 5년째 계속해온 이 일은 누가 시킨 것이 아니라 스스로 시작한 일이다. 그리고 그는 'CRVCalifornia Redemption Value'라고 하는 플라스틱병 보증금 환급제를 이용해 돈을 모은다. 캘리포니아에는 재활용 쓰레기를 재활용 센터에 가지고 가면, 무게에 비례해 현장에서 돈으로 바꿔주는 시스템이 갖춰져 있다. 센터 직원에 따르면, 동네 사람들이 라이언에게 자극을 받아 재활용을 열심히 한단다.

라이언은 재활용 쓰레기로 매달 50만 원 이상의 수익을 얻으며, 5년간 4,000만 원이 훌쩍 넘는 돈을 모았다. 어린 꼬마의 신념은 미국 사회에 작은 파장을 일으켰고, 뉴스로 알려져 CNN에서 젊은 인재상도 받았다.

캔과 병을 수집해서 모은 돈으로 재활용 회사를 차린 라이언은 회사 로고가 찍힌 티셔츠를 전 세계에 판매해 적지 않은 수익을 냈고, 수익금 전액을 태평양 해양 생물을 보호하는 단체에 기부했다. 라이언은 재활용에 더 많은 사람을 동참시키기 위해 이렇게 말했다.

"제가 할 수 있으면 누구나 할 수 있어요."

지구 온난화 이야기는 수십 년 전부터 꾸준히 언급됐지만 제대로 해결되지 않은 채 오늘까지 이어져 왔다. 이건 어쩌면 우리가 '미래 세대를 위해서'라는 말을 남용했기 때문이 아닐까. 이렇게 말하면서 '먼 미래'의 일이라고 착각한 것인지도 모른다. 지금은 괜찮다며 안일하게 생각한 것인지도 모른다. 그러는 사이 환경은 꾸준히 나빠졌고 '필환경*'이라는 신조어

---

* '반드시 필(必)'과 환경의 합성어로, 필수로 환경을 생각해야 한다는 의미.

가 탄생하기에 이르렀다. 이미 기후 위기로 신체적, 재산적인 피해를 받은 사람들이 부지기수다. 그들이 단지 운이 나빴던 거라고 말할 수 있을까.

기후 위기로 인한 피해는 우리 세대가 죽고 세상에 없을 때 생길 일이 아니라 다음 세대와 함께 겪을 수 있는 일이다. 우리 세대나 다음 세대나 모두 열심히 살아왔고 앞으로도 그럴 텐데, 기후 위기 때문에 삶에 대한 노력이 물거품이 되는 일은 없어야 한다.

이제 스스로 묻지 않을 수 없다. '노력하여 가꿔온 삶을 지키고 싶은가?' '삶을 지키기 위해 어린아이들도 노력하는데, 어른들이 앞장서야 하지 않겠는가?' 매일매일 함께하는 소중한 사람들과의 일상이, 미래를 그리며 살아온 우리의 인생이 평안하기 위해 이제는 대답해야 한다.

변화를 알아채는
기쁨 맛보기

환경 문제에 관심을 갖다 보면 좋은 변화도 잘 알아챈다. 그때마다 희망을 모으는 기분이다.

라면을 사러 편의점에 들렀는데, 살 것이 있는지 둘러보는 나의 옆으로 한 남자가 지나갔다. 그 사람 손에 뭔가 들려 있었는데 쉭쉭 쓸리는 소리가 났다. 내 생각이 맞을까 싶어 남자가 되돌아 나올 때 봤는데, 아니나 다를까 그의 손에 들려 있는 건 구깃구깃한 비닐봉지였다! 편의점 봉투가 아닌 걸 보니, 일부러 챙겨온 비닐이었다.

시장에 들른 어느 날엔 상인과 손님으로 보이는

아주머니가 하는 대화를 들었다. 구입한 것을 상인이 비닐에 담아주겠다고 하자, 아주머니는 구입한 것을 갖고 있던 봉투에 같이 담으면서 "요새 웬만하면 비닐 안 쓰려고 하잖아. 마트에 가도 비닐 때문에 난리인 마당인데, 한꺼번에 담아도 되지"라고 말했다. 두 분의 아름다운 대화에 미소가 지어졌다.

사람들도 비닐이 문제라는 것에 공감하는지 장 본 것을 맨손으로 들고 가는 사람들은 이제 흔하다. 그들이 무슨 물건을 샀는지 보는 것이 때론 재밌다. 컵라면 여섯 개를 품에 안고 가는 사람이 있는가 하면, 이것저것 구매한 물건을 비닐 없이 한 아름 안고 가는 여자도 있다. 큰 식빵 한 봉지를 들고 버스에서 내리는 아저씨, 퇴근길 봉지 라면 묶음을 양손에 들고 버스에서 내리던 양복 차림의 남자도 기억난다.

지인이 말하길, 점심 시간이 되면 텀블러를 들고 카페에 가는 직원이 회사에 생겼다고 했다. 길에서 용량이 꽤 큰 텀블러를 들고 가며 음료를 마시는 사람을 봤을 땐 괜히 내 속도 시원하고 상쾌했다. 얼마 전에는 어느 분식집 앞을 지나다가, 주문한 음식 포장을 기다리던 사람이 하는 말을 들었다. "젓가락은 안 주셔도 괜찮아요."

작은 변화를 하나둘 목격할수록 더 유심히 찾아보게 된다. 다들 한 마음인 것 같아서 기쁘고, 이렇게 할 수 있다면 다른 것도 함께할 수 있겠다 싶다. 앞으로도 눈을 크게 뜨고 귀를 활짝 열어 일어나는 좋은 변화를 잘 찾아봐야겠다. 제로 웨이스트를 계속해나갈 힘을 얻기 위해서라도.

미래의 먹거리
고민하기

잘 익은 아보카도를 갈라보면 묵직하고 큰 씨앗이 보인다. 멕시코가 원산지인 이 과일을 마음 놓고 자주 먹기에는 불편한 진실이 있다. 아보카도를 재배하기 위해서 엄청난 규모의 숲이 파괴되고 있을 뿐 아니라, 어마어마한 양의 물이 필요하다고 한다. 단단하고 동그란 아보카도 씨앗을 물끄러미 보다가, 문득 그런 생각이 들었다.

'내가 직접 나무를 키워서 열매를 먹을 수 있다면 멀쩡한 숲의 나무를 베어내지 않아도 되고, 지하수가 고갈되지도 않을 텐데.'

아보카도를 좋아하는 것은 잘못이 아니다. 지하수를 남김없이 흡수할지라도 이미 심어진 아보카도 나무 역시 죄가 없다. 나는 이 풍미 좋고 영양가 많은 과일의 맛을 알아버렸다. 그러나 마음껏 먹고 싶어도 사실을 안 이상 마음 편하게 사 먹을 수 없다. 이 현실이 속상했다. 이런 생각을 하는 사이 어느새 나는 컵 하나를 꺼내어 물을 담고 깨끗이 표면을 씻어낸 아보카도 씨앗을 담그고 있었다.

그로부터 두어 달이 지난 지금, 아보카도 씨앗은 아직 잎을 틔우지 않았다. 그러나 변화는 아주 느리지만 있었다. 씨앗을 틔우려고 준비하는 듯이 표면이 조금씩 갈라지고 있다.

인터넷에 찾아보니, 이렇게 물에서 싹을 틔운 뒤 흙에 옮겨심어 아보카도 나무를 키우고 있는 사람들이 있었다. 나무가 잘 자랄지, 열매가 열릴지 궁금해 계속 인내심을 갖고 지켜볼 생각이다. 매일 아보카도 씨앗의 물을 갈아주고 들여다보는 것은 '기후 위기가 오는 것을 막자'에서 '급격히 시작된 기후 위기에 대비해야 한다'로 생각이 바뀌어서 그렇다.

미래의 먹거리 문제를 해결하려는 움직임이 지속되고 있다. 문경에서 오랫동안 사과 농사를 지어온 한 농부는 살던 고향을 떠나 사과 짓기에 적합한 위쪽 지역으로 터전을 옮겨야 했다. 그동안 냉대 작물인 사과를 재배해온 지역이었던 문경은 기후 위기로 기온이 올라 사과의 생육 환경에 맞지 않은 지역이 되었다. 이제는 냉대 작물을 키우기 어렵다 판단하고 열대·아열대 작물 재배를 시도하고 있다 한다.

서울 지하철 7호선 상도역에는 스마트 팜Smart farm이 있다. 스마트 팜은 첨단 정보 통신 기술을 통해 빛, 온도, 습도, 이산화탄소 농도, 양분 등 식물이 자라는 데 필요한 요소를 기계로 제어해 식물을 생산하는 농장이다. 연면적 394제곱미터 규모에 24시간 연중 재배가 이루어지는 이 농장에서는 로봇이 파종 및 수확까지 관리하고, 여기서 재배된 채소로 만든 샐러드를 맛볼 수 있는 카페도 있다. 대형 마트에 스마트 팜의 채소가 유통되기도 한단다.

개인적으로 식물은 흙에서 나서 바람과 비를 맞고, 햇빛을 통해 길러지는 게 좋다고 생각한다. 하지만 날로 심해지는 기후 위기를 봐도 그렇고, 재해로 발생할 농작물 피해를 생각해보면 안정적으로 예측 가능한 생산을 할 수 있는 스마트 팜이 미래의 대안이겠다는 생각도 든다. 미래 농업의 모습은 어떻게 바뀔까. 기후 위기에 적응하려면 햇빛 대신 전등에서 나오는 빛으로 자란 채소를 식탁 위에 올리게 될지도 모를 일이지만, 그것이 우리가 미래에 먹을 채소의 전부는 아니었으면 좋겠다.

국가가 아닌
우리 스스로 바꾸기

우리보다 앞서가는 환경 선진국들의 원동력은 무엇일까? 정부가 대단해서일까? 그렇지 않다. 변화할 수 있었던 이유를 찾아보면 그 중심에 평범한 시민들이 있다.

몇 년 전, 대만 정부가 공정률 98퍼센트에 이르렀던 핵 발전소 건설을 중단했다. 거의 다 지어서 가동을 앞두고 있던 발전소를 포기하게 만든 건 국민들이었다. 2013년 3월에 20만여 명의 국민이 거리로 나와 탈핵 운동에 참여했고, 2014년 4월에 5만여 명의 국민이 또다시 거리로 나왔다. "그동안 투자한 돈이 얼만데. 아까우니 그냥 쓰자"는 말이 분명 나왔을 텐데도 대만 국민들의 생각은 확고했다. 미래를 내다봤을 때 소탐대실이 될 수 있는 선택을 원치 않은 것이다. 대만 정부가 2025년까지 탈원전을 완료하겠다고 선언한 배경에는 국민들의 적극적인 목소리가 있었다.

독일의 대표적인 친환경 도시 프라이부르크에는 독특한 컵 재활용 제도가 존재한다. 프라이부르크 시내 커피숍에서 쉽게 구입할 수 있는 재활용 컵에는 '프라이부르크시'라고 표시되어 있다. 커피를 주문하면서 커피값과는 별도로 컵 보증금 1유로를 지불하면, 이 컵에 음료를 담아준다. 사용한 컵을 다른 카페에 가져가면 세척 후에 새 음료를 담아주며, 반복 사용이 가능하다. 쓰고 난 컵을 카페에 반납하면 보증금을 되돌려준다.

한 카페에서 처음 시작된 이 운동은 프라이부르크시가 적극적으로 컵 제작을 지원하면서 1년 사이 100개가 넘는 카페가 동참했다. 전용 컵은 제작 단계에서부터 안전과 재활용을 염두에 두고 만들어졌고,

수백 번 반복 사용하고 난 후 재활용된다. 이 제도가 하이델베르크와 뮌헨 등 주변 도시는 물론 스페인 바르셀로나까지 수출되었다고 하니, 멋지지 않은가.

이 변화를 만든 핵심 주역은 단연 시민이었다. 처음 아이디어를 낸 카페도 큰 역할을 했지만, 기꺼이 번거로움을 선택한 시민들의 호응이 있었기에 멋진 변화로 이어질 수 있었다. 서울에도 '서울시'라고 적힌 컵이 생겨 보증금을 내고 빌려 쓸 수 있다면 호응이 높을 것 같다.

미국의 한 연구에서 기후 위기에 대한 회복력이 가장 강한 도시 1위로 선정된 도시는 덴마크 코펜하겐이다. 이와 관련해서 코펜하겐시의 환경 기술 부시장 모르텐 카벨의 말이 인상 깊다.

"기후와 환경 문제에서는 무엇보다 정치적 용기와 협력이 중요하다고 생각합니다. 코펜하겐시에서는 이 두 가지 움직임을 시민들이 주도합니다. 자동차 대신 자전거 타기 등 최근에 일어난 많은 변화도 시민들이 만들어냈죠. 시민들이 시위도 하고, 직접 시청에 찾아와 의견을 말하고, 스스로 프로젝트를 만들었으니까요. 우리는 그저 따르기만 했습니다. 물론 우리가 주도한 일들도 있기는 하지요. 하지만 변화를 원한다면 정치인들에게 모든 걸 기대해서는 안 됩니다. 시민들이 함께 변화를 이루어가야 합니다."

친환경 도시들에는 유리한 조건이 있을 것이라 생각했는데, 실제로는 그렇지 않았다. 평범한 시민 한 사람 한 사람의 의식이 깨어 있고, 다양한 방식으로 사회에 목소리를 내면서 변화는 만들어졌다. 또 한 가지 특징은 변화가 지역에서 시작되는 경우가 많았다는 것이다. 한 지역의 좋은 선례는 다른 지역으로 퍼져나갔다. 그동안 나는 중앙 정부만이 변화를 만들 수 있다고 생각했는데, 마을 단위에서 변화가 시작될 수도 있는 것이었다.

동이나 구 단위의 일을 작다고 여기는 건 오해다. 우리 동네에 요즘 무슨 일이 있는지 관심을 갖는 것이 변화의 씨앗이겠다. 지역 사회의 변화에 기여하기 위해 서울시에서 만든 모바일 투표 앱 '엠보팅'을 최근에 다운로드 받았다. 앱으로 내가 사는 지역의 주민 참여 예산 사업 투표, 시민 의견 조사, 이슈에 대한 찬반 의견 투표 등에 간편하게 참여할 수 있다. 종종 이용하면서 지역 정보도 얻고 목소리도 내보려고 한다. 변화의 주체는 지자체가 아닌 시민이니까.

착한 기업의
제품 구매하기

재활용 가능성을 생각하면서 물건을 구입하는 것을 뜻하는 신조어가 있는데 바로 '프리사이클링 Precycling'이다. 나 역시 프리사이클링에 앞장서기 위해 노력하는데, 내가 배출하는 포장 쓰레기의 대부분은 식품 구입 과정에서 생긴 것이다. 환경을 위해서라면 포장을 최소화하거나 친환경 포장재를 쓰는 것도 좋겠지만, 아무래도 가장 좋은 건 아예 포장을 하지 않는 것이다.

포장 없이 물건을 판매하는 가게는 2014년 독일에서 처음 시작되어 덴마크, 네덜란드, 영국, 프랑스 등 유럽 전역으로 퍼졌고, 미국 뉴욕에도 포장재 없는 가게가 생겨나고 있다.

　독일 베를린에 문을 연 최초의 포장 없는 가게 '오리기날 운페어팍트Original Unverpackt'에 오는 손님들은 모두 용기를 챙겨온다. 식자재를 직접 가져온 용기에 담고 저울에 무게를 재보며 가격을 가늠한다. 필요한 양만큼만 구입할 수 있어 경제적이다. 용기를 챙겨가야 하는 수고로움에도 불구하고, 이 작은 가게에 매달 5,000여 명 이상의 고객이 방문한다. 이곳에서 영감을 얻고 생겨난 포장재 없는 가게가 독일 전역에 100여 곳이 넘는다.

　국내에는 '더 피커'가 최초의 제로 웨이스트 가게로 문을 열었다. 쓰레기를 줄이는 데 관심 있는 사람이라면 다들 알 만한 가게일 것이다. 이곳 역시 포장없이 제품을 진열해놓고 판매하는 게 특징이다. 미디어에 많이 노출되어서 검색해보면 쉽게 가게 정보를 얻을 수 있다. 나 역시 다회용 화장 솜, 와입스, 플라스틱 없는 치실 등 다양한 친환경 아이템을 이곳에서 구입한다. 온, 오프라인 매장을 동시 운영하고 있어서 서울 매장에 직접 방문하거나 온라인으로 이용할 수 있다.

　세계 각지에 문을 연 제로 웨이스트 가게들은 보여준다. 포장 없이 물건을 사고파는 것이 가능하다고. 대기업도 제로 웨이스트를 먼저 도입한 기업의 행보를 보고 배우며 제품 생산과 유통 과정에 변화를 만들면 좋겠다. '포장 없음'이 대세가 되어 동네에서 쉽게 제로 웨이스트 가게를 만날 수 있기를 바란다.

환경 활동에
동참하는 분께 감사하기

주변에는 없는 것 같아도 인터넷에선 환경에 이로운 실천을 하는 사람을 쉽게 찾을 수 있다. 블로그에서 동네 주변이나 여행지에 있는 쓰레기를 주운 글을 읽거나, 다회용품 사용 후기를 영상으로 보기도 한다. 이런 분들을 볼 때마다 마음이 든든하다. 표현은 하지 않지만 더불어 느끼는 감정이 있다. 바로 고마움이다.

더 좋은 환경을 위해 자신이 할 수 있는 일을 꿋꿋이 실천하는 사람에게 내가 미처 해주지 못하는 것이 있다면, 바로 감사 인사 한마디다. 한 명 한 명의 실천이 나에게, 그리고 우리 모두에게 소중하고 고마운 일인데, 표현할 방법이 마땅치 않다.

유튜브에 그린피스 서울 사무소에서 제작한 '숟가락 이야기'라는 영상이 있다. 쉽게 구할 수 있는 플라스틱 숟가락이 우리 손에 들어오는 과정이 1분 55초짜리 짧은 영상에 담겨 있다. 쉽게 버려지는 숟가락이 만들어지기까지 여러 단계를 거쳐야 하고 그 과정에서 많은 에너지가 소모된다는 사실을 알려준다. 무엇보다 이 영상의 마지막에 나오는 문장 하나가 내 시선을 붙든다. 한참 동안 그 문장을 음미한다.

"오늘도 숟가락을 닦아 쓰는 모든 분께 감사드립니다."

잘 산다는 건 먹고 마시는 일이 건강하게, 마음 편하게 이뤄지는 것이다. 다 함께 잘 살기 위해 오늘도 어디선가 집을 나서면서 손수건을 챙기는 사람이 있다. 다회용 빨대를 챙겨 가방에 넣는 사람이 있다. 장바구니를 꺼내고 집에 있는 비닐을 챙겨 마트로 향하는 사람이 있다. 텀블러를 챙겨서 커피숍에 가는 사람이 있다. 고마운 사람이 많아지고 있다. 점점 더 많아지면 좋겠다. 잘 살고 싶다는 마음만은 모두가 똑같으니까.

얼마 전 지하철 안 기관사가 하는 안내 방송에서 들은 다음 말이 인상적이었다.

"우리 모두를 위해 마스크를 써주신 고객님 감사합니다."

우리는 코로나 시국에 바이러스로부터 내 몸을 지키기 위해서도 마스크를 쓰지만 다른 사람의 건강을 해치지 않기 위해서도 마스크를 쓴다. 불편을 감수하면서 말이다. 환경을 생각해서 불편함을 감수하는 것도 우리 모두를 위한 일이다.

환경을 생각하는 여러분 덕분에 어제보다 깨끗한 세상에서 살게 되어 고맙습니다. 함께하겠습니다.

에필로그

시중에는 환경을 위해 할 수 있는 실천을 담은 책들이 이미 나와 있습니다. 구태여 책을 쓴 것은 더 많은 사람이 목소리를 냈으면 하는 바람이 있고, 저도 목소리를 보태고 싶었기 때문입니다.

일상에서 환경에 덜 해로운 선택을 하는 데에는 용기와 노력이 필요하지요. 하지만 엄두도 내지 못할 정도의 것은 아닙니다. 처음이 어렵지 두 번, 세 번은 쉬워집니다.

단숨에 읽히기보다는 쉬어가며 읽게 되는 글이 아니었을까 생각해봅니다. 다 못 읽고 띄엄띄엄 읽었다 하더라도 괜찮습니다. 제 이야기가 일상에서 쓰레기를 만들지 않는 시도를 하는 데, 환경에 덜 해로운 선택을 할 용기를 내는 데 조금이라도 도움이 되었다면 기쁘겠습니다.

블로그나 브런치에서 저의 이야기를 좋아하던 분들이 기억납니다. 어수룩한 저의 그림을 아껴준 그분들 덕분에 이야기를 계속해나갈 힘을 얻었습니다. 올해는 휴식을 끝내고 블로그와 브런치 연재를 이어가려고 합니다. 이웃님들과 새로운 이야기를 나누고 싶습니다. 조만간 찾아뵐게요!

부록

제로 웨이스트
&
미니멀 라이프 정보

미니멀 라이프나 제로 웨이스트를 일상에서 실천하는 분들의 이야기를 만날 수 있는 곳을 정리했습니다. 제가 읽고 도움을 받았던 재미있는 책도 함께 소개합니다. 요즘 친환경 관련 가게도 많아졌는데, 대표적인 가게들을 수록해두었으니 기회가 될 때 방문해보시면 좋을 것 같습니다.

* 일러두기
SNS명은 검색의 편의를 돕기 위해 국립국어원의 표기법을 따르지 않고 SNS 채널에 표기된 것을 그대로 수록함.

SNS

유튜브 – cardsu까르슈 살림

유튜브 – 내살림예뻐해주기 my life is pretty

유튜브 – 미래채널 MyF

유튜브 – 쓰레기왕국 Trash Kingdom

네이버 블로그 – 새콤달콤 둥이네 blog.naver.com/juyahong

네이버 블로그 – 小一(소일) blog.naver.com/so-il

네이버 블로그 – 자원순환사회연구소 blog.naver.com/waterheat

팟캐스트 – 그린피스 유니버스

추천 도서

《내일, 새로운 세상이 온다》, 시릴 디옹, 한울림, 2017.

《나는 단순하게 살기로 했다》, 사사키 후미오, 비즈니스북스, 2015.

《공기 파는 사회에 반대한다》, 장재연, 동아시아, 2019.

《옷을 사려면 우선 버려라》, 지비키 이쿠코, 유나, 2016.

《기후변화의 심리학》, 조지 마셜, 갈마바람, 2018.

《수축사회》, 홍성국, (주)메디치미디어, 2018.

《전기차 사용자가 전해주는 전기차 이야기》, 김성태 외 2인, 다독임북스, 2019.

《지방도시 살생부》, 마강래, 개마고원, 2017.

《에코 크리에이터》, 김대호, 아이엠북, 2012.

《에코 크리에이터 2》, 김대호, 아이엠북, 2014.

《에코 크리에이터 디자인》, 김대호, 아이엠북, 2013.

《매거진 :쓸(SSSSL)》, 배민지, ㈜제로마켓

오프라인 가게

더 피커 – 서울 성동구 왕십리로 115 헤이그라운드 9층

제로 웨이스트에 유용한 다양한 제품을 판매합니다. 빈 용기를 가져가면 곡물이나 견과류 등을 원하는 무게만큼 구입할 수도 있습니다.

알맹상점 - 서울시 마포구 월드컵로 49 2층

'껍데기는 가라, 알맹이만 오라'는 캐치프레이즈처럼 포장 없이 '알맹이' 만 구입할 수 있습니다. 에코백과 용기를 들고 가야 하지만 깜빡해도 괜찮습니다. 장바구니나 빈 용기를 대여해주거든요. 자원 재활용 공간, 안 쓰는 물건을 나누는 공간도 있습니다.

@almangmarket

카페 얼스어스 – 서울 마포구 성미산로 150

플라스틱 빨대와 컵이 없는 가게로, 텀블러 등 다회용기에만 음료를 테이크아웃할 수 있습니다. 케이크와 같은 디저트 포장을 원할 경우 다회용기를 지참하면 담아줍니다. 매장에는 냅킨 대신 손수건이 비치되어 있습니다.

@earth__us

카페 보틀팩토리 – 서울 서대문구 홍연길 26

플라스틱 컵, 영수증, 일회용 빨대, 물티슈가 없는 가게입니다. 테이크아웃할 때 카페 텀블러를 무료로 대여해주며 이후 반납할 수 있습니다. 개인 텀블러 세척대가 있고, 원할 경우 매장에 있는 스테인리스나 유리로 된 빨대 사용도 가능합니다. 한 달에 한 번 제로 웨이스트 마켓 '채우장'을 엽니다.

@bottle_factory

온라인 숍

더 피커 – thepicker.net

제로 웨이스트 매장 '더 피커'의 온라인 쇼핑몰입니다. 리필이 가능한 생분해 천연 실크 치실, 생분해 요가 매트, 에코백, 대나무 면봉, 스테인리스 빨대와 생분해 세척 솔, 팜프리 비누 등 각종 친환경 제품을 판매합니다.

소락(SORAK) – smartstore.naver.com/thedayinjeju

면 주머니, 다회용 화장 솜, 유기농 면 생리대, 손수건, 유리 빨대, 비즈 랩, 와입스 등 제로 웨이스트 생활에 도움이 되는 물건들을 판매합니다.